Quick Guide

Reihe herausgegeben von
Springer Fachmedien Wiesbaden, Wiesbaden, Deutschland

Quick Guides liefern schnell erschließbares, kompaktes und umsetzungsorientiertes Wissen. Leser erhalten mit den Quick Guides verlässliche Fachinformationen, um mitreden, fundiert entscheiden und direkt handeln zu können.

Verena Fink

Quick Guide KI-Projekte – einfach machen

Künstliche Intelligenz in Service, Marketing und Sales erfolgreich einführen

2., aktualisiert Auflage

Verena Fink
Woodpecker Finch GmbH
Köln, Deutschland

ISSN 2662-9240 ISSN 2662-9259 (electronic)
Quick Guide
ISBN 978-3-658-40801-5 ISBN 978-3-658-40802-2 (eBook)
https://doi.org/10.1007/978-3-658-40802-2

Die Deutsche Nationalbibliothek verzeichnet diese Publikation in der Deutschen Nationalbibliografie; detaillierte bibliografische Daten sind im Internet über http://dnb.d-nb.de abrufbar.

© Der/die Herausgeber bzw. der/die Autor(en), exklusiv lizenziert an Springer Fachmedien Wiesbaden GmbH, ein Teil von Springer Nature 2020, 2023
Das Werk einschließlich aller seiner Teile ist urheberrechtlich geschützt. Jede Verwertung, die nicht ausdrücklich vom Urheberrechtsgesetz zugelassen ist, bedarf der vorherigen Zustimmung des Verlags. Das gilt insbesondere für Vervielfältigungen, Bearbeitungen, Übersetzungen, Mikroverfilmungen und die Einspeicherung und Verarbeitung in elektronischen Systemen.
Die Wiedergabe von allgemein beschreibenden Bezeichnungen, Marken, Unternehmensnamen etc. in diesem Werk bedeutet nicht, dass diese frei durch jedermann benutzt werden dürfen. Die Berechtigung zur Benutzung unterliegt, auch ohne gesonderten Hinweis hierzu, den Regeln des Markenrechts. Die Rechte des jeweiligen Zeicheninhabers sind zu beachten.
Der Verlag, die Autoren und die Herausgeber gehen davon aus, dass die Angaben und Informationen in diesem Werk zum Zeitpunkt der Veröffentlichung vollständig und korrekt sind. Weder der Verlag, noch die Autoren oder die Herausgeber übernehmen, ausdrücklich oder implizit, Gewähr für den Inhalt des Werkes, etwaige Fehler oder Äußerungen. Der Verlag bleibt im Hinblick auf geografische Zuordnungen und Gebietsbezeichnungen in veröffentlichten Karten und Institutionsadressen neutral.

Grafiken: Michaela Hepp

Planung/Lektorat: Rolf-Guenther Hobbeling
Springer Gabler ist ein Imprint der eingetragenen Gesellschaft Springer Fachmedien Wiesbaden GmbH und ist ein Teil von Springer Nature.
Die Anschrift der Gesellschaft ist: Abraham-Lincoln-Str. 46, 65189 Wiesbaden, Germany

Vorwort

„Einfach machen", dachten sich Studenten der Technischen Universität München und haben eine Anwendung entwickelt, die mit Künstlicher Intelligenz vorhersagt, welcher Charakter in „Game of Thrones" überleben wird. Die teuerste fiktive Fernsehserie der Geschichte, die alle Zuschauerrekorde gebrochen hat, war vorhersagbar? Die Studenten haben ihre Künstliche Intelligenz darauf trainiert, im Internet nach Informationen über jeden Charakter zu fahnden und daraus seine Überlebenschancen zu schätzen (TU München, 2022). Mit einer Trefferquote von 79 % liefen die Studenten Gefahr, für eine milliardengroße Fangemeinde zum Spoiler Nummer eins zu werden. Wenn Studenten in nur fünf Wochen Seminarzeit die Schachzüge der Drehbuchautoren entschlüsseln können, wie leicht ist es für große Konzerne, das Verhalten von Konsumenten vorherzusagen? Übertragen auf unsere Gesellschaft, wird der begehrte eiserne Thron zum leichten Beutezug von Marketingstrategen und die Zuschauer zu dankbaren Marionetten im gelenkten Kaufrausch. Künstliche Intelligenz ist längst angekommen in unserer Arbeits- und Lebenswelt. Vielen Menschen macht sie Angst. Sollen Roboter unsere Post austragen, Bankgeschäfte erledigen,

Gerichtsprozesse führen, Autos fahren, Theaterstücke schreiben und Kranke heilen?

Begriffe wie „Big Data" und „Algorithmus" werden schnell zum Feindbild stilisiert, und viele Menschen meinen, man müsse die Künstliche Intelligenz aufhalten, bevor sie uns vernichte. Nicht selten sind es jene Menschen, die als Konsumenten weiterhin unbekümmert bei Amazon bestellen, mit ihrem iPhone plaudern, über Spotify Musik hören und dank Google zielsicher durch den Alltag navigieren. HubSpot enthüllte in einer aktuellen Studie, dass knapp zwei Drittel der Befragten glaubten, sie verwendeten keine KI-Tools, obwohl sie täglich mit sprachaktivierten Suchmaschinen und digitalen Assistenten hantieren. Hinter dem blinden Fleck so manchen Technologieskeptikers verbirgt sich unfreiwillige und unbewusste Innovationsförderung: Wir trainieren Künstliche Intelligenz als Key-User, wir sind aktive Anwender und Tester. Warum schrecken wir davor zurück, die Spielgeräte selbst in die Hand zu nehmen? Manager und Führungskräfte in kundennahen Bereichen sitzen an der Quelle und tun sich oftmals noch schwer, eigene KI-Projekte zu starten. „Zu technisch, zu komplex, zu groß, zu teuer" heißt es dann, mit ehrfurchtsvollem Blick auf die großen Internetkonzerne mit milliardenschweren Forschungsetats. Zugegeben, die Studenten aus München waren Techies, keine Betriebs- und Geisteswissenschaftler, doch mit ihrer Experimentierfreude haben auch sie ein kleines Stück dazu beigetragen, dass uns heute in Vertrieb, Marketing und Service unzählige Baukästen zu Verfügung stehen, um einfache KI-Lösungen einzuführen. Höchste Zeit, in den Sandkasten zu steigen und aktiv mit diesen Werkzeugen zu basteln. KI einfach machen!

Köln   Verena Fink
Im Dezember 2022

Literatur

TU München. (2022). A Song of Ice and Data. Got.show. https://got.show/. Zugegriffen: 30. Dez. 2022.

Inhaltsverzeichnis

1 **Bauchgefühl unterfüttern – KI zwischen Glaskugel und Kalbsschnitzel** ... 1
  1.1 Die KI-Taschenlampe im Datenwald der Dinge ... 2
  1.2 KI kämpft an der Kundenfront ... 6
  Literatur ... 9

2 **Einfach machen – Customer Lifecycle in Marketing, Vertrieb und Service** ... 11
  2.1 Discovery – Entdecken mit Lead-Filtern ... 12
  2.2 Explore – Erkunden mit Targeting ... 15
  2.3 Buy – Kaufen auf Empfehlung ... 16
  2.4 Use – Anreichern mit Content Marketing ... 18
  2.5 Ask – Antworten mit Chatbots ... 19
  2.6 Engage – Halten mit Churn Management ... 23
  Literatur ... 25

3 **Größer denken – Conversational-Commerce konzentriert Macht** ... 27
  3.1 Bots im Gespräch ... 28

3.2	Bot-Ökonomie setzt neue Regeln	30
3.3	Emotion stärkt Vertrauen in Automatisierung	31
Literatur		36

4 Erst das Anliegen, dann die Technik – den richtigen Anwendungsfall finden — 37
- 4.1 Schatzkiste voller Kundenbedürfnisse — 38
- 4.2 Ungewollten Kontakt vermeiden und ungeliebten vereinfachen — 42
- 4.3 Wirtschaftlichkeit realistisch rechnen — 44
- 4.4 Auftrag im Detail klären — 45
- 4.5 Projekt strukturiert aufsetzen — 48
- Literatur — 50

5 Der kleine Bot schmeckt am besten – je einfacher, desto Quick Win — 53
- 5.1 Chatbots mit Mehrwert werden mehr — 54
- 5.2 Von Schnittstellen, Plattformen und Baukästen — 59
- 5.3 Checkliste für Bot-Erfolg — 62
- Literatur — 65

6 Die Guten ins Töpfchen – Daten essen die Welt — 67
- 6.1 Big Data ist jetzt Cloud — 68
- 6.2 Datensalat sortieren — 71
- Literatur — 79

7 Überwachen oder bestärken – Lernverfahren im Vergleich — 81
- 7.1 Schokoriegel mit Bier – symbolische Lernverfahren — 82
- 7.2 Katzen oder Marder – sub-symbolische Lernverfahren — 84
- 7.3 Von Bäumen und Netzen – Lernverfahren auswählen — 89
- 7.4 Open-Source und Public Cloud – die passende Anwendung finden — 93
- Literatur — 96

8	**Trainingskultur mit Lauschangriff – Bots und Sprach-Skills entwickeln**	**99**
8.1	Eierlegende IT-Psychologen im Trainingsteam	100
8.2	In sieben Schritten zu Ihrem ersten Chatbot	102
8.3	Sozialer Zuhörer fördert Vertrieb	107
8.4	Bots für Fortgeschrittene	109
8.5	Sprachassistenten-Skill mit Slang	112
	Literatur	118
9	**Kontrolle ist besser – Transparenz werteorientiert gestalten**	**121**
9.1	Blackbox mutig durchleuchten	123
9.2	Datenhunger rechtskonform regeln	125
9.3	Wertesystem international klären	129
	Literatur	131
10	**Willkommenskultur für Roboter – soziale Integration ins Team**	**133**
10.1	Fruchtbaren Boden bereiten	134
10.2	Flexible Grenzen setzen	136
	10.2.1 KI-Designer	138
	10.2.2 KI-Trainer	138
	10.2.3 KI-Versteher	139
10.3	Fluide Co-Kreation modellieren	141
	Literatur	144

Über die Autorin

Verena Fink ist Gründerin der Strategieberatung Woodpecker Finch GmbH und Beirätin beim kalifornischen IT-Dienstleister DocuSign Inc sowie im KI-Park, dem europäischen Ökosystem für KI Tech Führerschaft. Die Anwendung von künstlicher Intelligenz begleitet sie sowohl im Vorstand des Bundesverbandes DIE KMU-BERATER als auch als Mitgründerin von Quorum.ai, einem US-Startup für Deep Learning in San Francisco. Die Expertin für datengetriebene Business Modelle und Podcasterin spricht häufig auf Technologiekonferenzen und schreibt über die Auswirkungen der Künstlichen Intelligenz auf Unternehmen und Arbeitswelt. Sie stützt ihre Empfehlungen auf umfangreiche Transformationserfahrung in Managementpositionen der Branchen Handel/E-Commerce, Medien und FMCG, zuletzt in der deutschen Geschäftsleitung eines US-Handelskonzerns. Ihre Mission ist es, europäischen Unternehmen Lust auf menschenfreundliche KI-Projekte zu machen, als Gegengewicht zu den großen Internet-Monopolen.

Kontakt: verena@woodpecker-finch.com

Abbildungsverzeichnis

Abb. 1.1	Künstlich Neuronales Netzwerk mit einzelnen Schichten	4
Abb. 1.2	Umsatz im Bereich Künstliche Intelligenz weltweit im Jahr 2021 und eine Prognose für die Jahre 2022 und 2024	5
Abb. 2.1	Die 6 Phasen des Customer Lifecyle	13
Abb. 2.2	Freddy Freshbot empfiehlt Rezepte	21
Abb. 2.3	Freddy Freshbot stellt Quizfragen	22
Abb. 3.1	Bots im Conversational Office	28
Abb. 3.2	WeChat All-in-One	32
Abb. 3.3	Digitale Transformation im E-Commerce	34
Abb. 4.1	Value-Irritant-Matrix nach Price und Jaffe	41
Abb. 4.2	Wirtschaftlichkeitsbewertung von möglichen KI-Anwendungsfällen	46
Abb. 5.1	Einteilung von Chatbots nach Interaktionskomplexität	54
Abb. 5.2	Unterscheidung von Bot-Modellen nach Einsatzbereichen	57
Abb. 5.3	Geschenkefinder-Chatbot Ralph von Lego	57
Abb. 5.4	KLM-Chatbot	59
Abb. 6.1	CRISP-DM Phasen-Modell	73
Abb. 6.2	Datenquellen intern und extern	75
Abb. 7.1	Empfehlungssystem im Amazon-Webshop	88
Abb. 7.2	Gängige KI-Lernverfahren	91
Abb. 7.3	Bekannte KI-Software-Tools	95
Abb. 8.1	Beliebte Anbieter von KI-Chatbots	105
Abb. 8.2	Digitale Sprachassistenten	113
Abb. 8.3	Amazon Go Shopping-App	117
Abb. 9.1	Sieben Voraussetzungen für eine vertrauenswürdige KI	122
Abb. 9.2	Anzahl monatlicher Suchanfragen bei Google	125
Abb. 9.3	KI-Prinzipien bei Google	126
Abb. 10.1	KI-Stilberatung mit Stich Fix	142

1

Bauchgefühl unterfüttern – KI zwischen Glaskugel und Kalbsschnitzel

> **Was Sie aus diesem Kapitel mitnehmen**
>
> - Warum KI mehr mit Lernen als mit Denken zu hat.
> - Wie KI das Internet der Dinge befähigt.
> - Welche Entscheidungen KI unterstützen kann.
> - Wo KI das Bauchgefühl aussticht.
> - Warum einem KI-Restaurant nie die Schnitzel ausgehen.

Ein Buch über Künstliche Intelligenz (KI) zu lesen, fühlt sich an, wie im Privatfernsehen die alljährliche Berichterstattung zur Hitzewelle zu sehen. Wiederkehrende Bilder, austauschbare O-Töne, alles schon gesagt, tausendfach wiederholt und Buzz Words eingeschliffen. Woche für Woche erscheinen neue Filme und Bücher, die Roboter vermenschlichen und davor warnen, dass eine sogenannte „starke KI" Gefühle entwickelt und uns Menschen unterjochen oder vernichten wird.

Was bleibt? KI zu entmystifizieren, nicht dort, wo sich Wissenschaftler streiten, ob sie eines Tages Bewusstsein erlangt. Nicht dort, wo sie überschätzt wird in der Erwartung einer Superkraft, die uns

Butler, Manager, Psychologe und Sexspielzeug gleichzeitig sein soll. Dieses Buch interessiert sich für die „schwache KI", die im Schatten ihrer starken Science-Fiction-Schwester praktischen Mehrwert bringt. Die Künstliche Intelligenz der Gegenwart kann Maschinen bauen, die eigenständig lernen, wenn sie mit Daten gefüttert werden, um daraus neue Modelle und Daten zu erzeugen. Erstaunlich ist, wie selbstverständlich der Begriff heute verwendet wird und wie wenig greifbar er zugleich scheint, für Mitarbeiter, Führungskräfte und Manager. KI ist nicht neu, sie ist keine Entscheidung dafür oder dagegen, sondern jeweils die Stufe der Technologie, die wir noch nicht komplett durchdrungen haben. KI ist der Versuch, menschenähnliche Intelligenz in technischen Anwendungen zu simulieren, um sie gewinnbringend für Unternehmen einzusetzen. Sie beschreibt die aktuelle Entwicklung der Technologie, die Datenpunkte verknüpft, um daraus neues Wissen zu generieren. Wissen für Entscheidungen, für Wachstum, für Fortschritt.

1.1 Die KI-Taschenlampe im Datenwald der Dinge

Apropos Wissen: Manager in Marketing, Vertrieb oder Service agieren heute im Labyrinth von Kanälen, Zielgruppen, Formaten und Plattformen. Im Kampf um Aufmerksamkeit versuchen sie, alle Informationen über den potenziellen Kunden zu verknüpfen, um in Echtzeit Service- und Vertriebsentscheidungen zu treffen. Viele von ihnen sehen den Wald vor lauter Daten nicht mehr. KI ist eine Antwort auf die Datenflut durch Digitalisierung und die damit verbundene Anhäufung unendlicher Datenmengen. Höchste Zeit, mit diesem Buch einfach loszulegen und erste KI-Piloten zu starten, konsequent vom Kunden aus gedacht.

Vor dem Start gilt es, ein gemeinsames Verständnis zu entwickeln, denn um KI ranken sich diverse Mythen und Verschwörungstheorien. Die Realität lässt sich recht unaufgeregt beschreiben: KI-Systeme sind in der Regel Softwareprogramme, eingebettet in Hardware wie beispielsweise einem Digitalcomputer, einer Cloud oder einem Industrieroboter.

Solche KI-Programme werden in Programmiersprachen geschrieben (zum Beispiel Python, Java, C++, LSIP oder Prolog) und simulieren intelligentes Verhalten, indem sie Daten autonom verarbeiten (Böhm, 2019). KI-Anwendungen, die heute im Einsatz sind, haben weniger mit Denken, sondern mehr mit Lernen zu tun. Sie können komplexes Wissen anwenden und teilweise auch autonom neues Wissen entwickeln. Ihre Algorithmen werden trainiert, um aus den Daten, mit denen sie gespeist werden, selbstständig zu lernen. Im Training werden symbolische oder sub-symbolische Lernverfahren angewendet. Symbolische Lernverfahren arbeiten mit Entscheidungsbäumen oder Assoziationsregeln, heraus kommen regelbasierte Expertensysteme, die einem Wenn-Dann-Muster folgen. Sub-symbolisches Lernen, auch „maschinelles Lernen" genannt, basiert dagegen auf Künstlich Neuronalen Netzen (KNN). Mehr zu den Lernverfahren lesen Sie in Kapitel sieben (vgl. Abschn. 7.1).

> **Definition Künstlich Neuronale Netze**
>
> Künstlich Neuronale Netze sind dem menschlichen Gehirn nachgebildet, wie eine Wolke aus Neuronen, die über Synapsen mit ihren Nachbarn verbunden sind. Neuronale Netze können so über unzählige miteinander vernetzte Datenpunkte enorm schnell Informationen verarbeiten, da mehrere Millionen Einzelelemente parallel arbeiten (Otte, 2019). Solche Software-Neuronen tauschen über ein Netzwerk Daten aus und lösen Probleme, indem sie verschiedene Wege zum Ziel immer wieder durchspielen und dabei erfolgreiche Verbindungen stärken und weniger erfolgreiche kappen.

Wie die nachfolgende Abbildung (Abb. 1.1) zeigt, bestehen Künstlich Neuronale Netze aus vielen Daten-Schichten:

Daten werden in einem solchen Künstlich Neuronalen Netz von einer Schicht an die nächste weitergereicht und selbstständig verarbeitet. Die Merkmale der Daten, die von Schicht zu Schicht wandern, werden immer abstrakter und das System muss selbst herausfinden, wie sich Muster und Zusammenhänge erklären lassen. Denken Sie bei dem Wort Daten an langweilige endlose Zahlen- und Buchstaben-Reihen? Die gute Nachricht ist, Daten in einem Künstlich Neuronalen Netz

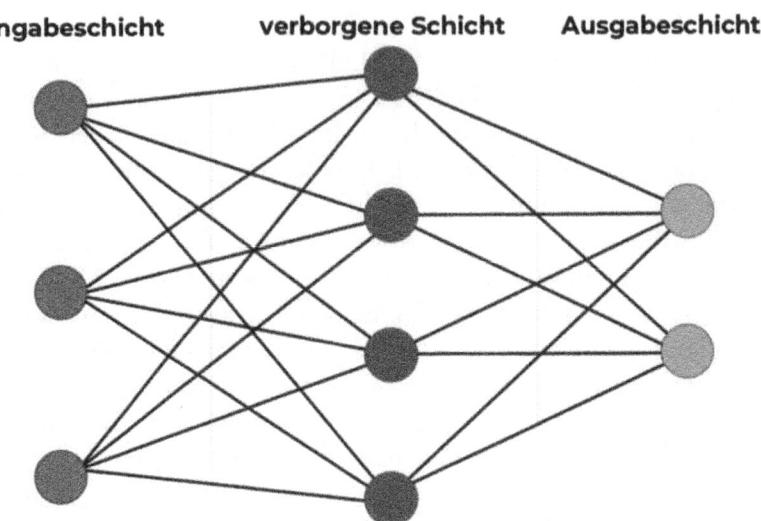

Abb. 1.1 Künstlich Neuronales Netzwerk mit einzelnen Schichten. (Quelle: In Anlehnung an Wuttke, 2022)

sind vielseitig: von Beobachtungen über Erfahrungen, Fakten, Beispiele, Sensordaten, Temperaturmessdaten bis zu soziodemographischen Informationen über eine Person. KI sucht in solchen Datenbergen nach Mustern und Zusammenhängen. Sie sortiert und ordnet, findet Regeln, Strukturen oder Cluster und baut sich daraus ein neues Modell der Welt. Auf diese Weise wird aus den vorhandenen Daten neues Wissen erzeugt, um auf dieser Basis neue Daten und Situationen bewerten zu können.

Zukunftsmusik? Nach Schätzung von Experten setzen heute schon zwei Drittel aller Industrieunternehmen in Deutschland KI-Verfahren ein, ohne es selbst so zu definieren. Abb. 1.2 gibt einen Überblick.

Nicht zuletzt das sogenannte „Internet der Dinge" (IOT) wird KI mittelfristig in jede Waschküche bringen. IOT bedeutet, jedes Gerät, ob Drucker, Toaster oder Getriebe, könnte künftig über eine eigene IP-Internet-Adresse mit dem weltweiten Netz verbunden werden. Analysten von Juniper Research rechnen damit, dass die Gesamtzahl der an das Internet der Dinge angeschlossenen Sensoren und Geräte

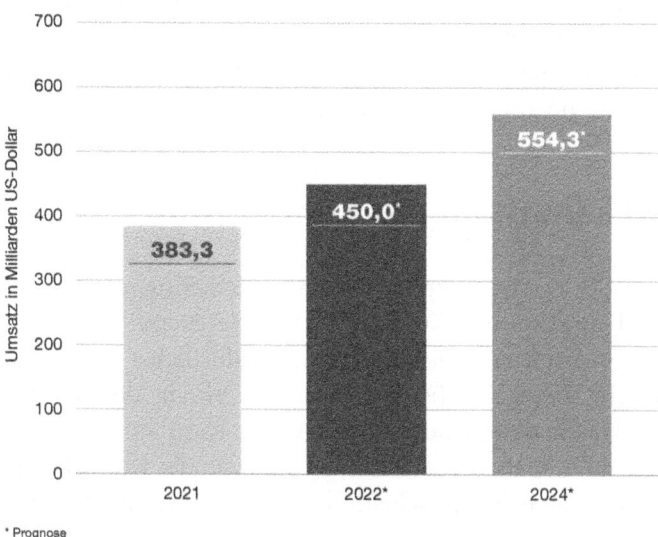

Abb. 1.2 Umsatz im Bereich Künstliche Intelligenz weltweit im Jahr 2021 und eine Prognose für die Jahre 2022 und 2024. (Quelle: In Anlehnung an Statista, 2022)

bis zum Jahr 2022 auf mehr als 50 Mrd. ansteigen wird, von aktuell etwa 20 bis 30 Mrd. (Steward, 2022). Die Vernetzung von Geräten wird die Vernetzung von Industrien vorantreiben. In der Fahrzeugproduktion könnte beispielsweise ein Stück Blech auf einem Chip die Information tragen, wie es bearbeitet werden will. Kaum bewegt es sich in den nächsten Arbeitsschritt auf dem Fließband, wird seine Information ausgelesen, „lackiere mich gelb, ich bin Produktnummer 65998 und gehöre zum Auftrag 76665733211B". Alle Daten werden in der Cloud gespeichert als digitaler Zwilling. Die Zuliefer-Betriebe entlang der Produktionskette vernetzen sich untereinander, damit sie frühzeitig erkennen, welche Teile ihr Kunde wann wieder in der Produktion benötigt. An der Fertigungsstraße könnte die KI auch abschätzen, wie sich die Krankenquote im Team entwickeln wird, oder welche Maschine wann Probleme bekommen könnte (Otte, 2019). Nicht nur in großen Industriehallen, auch in Privathaushalten könnten vernetzte Toaster in Millisekunden mit der Solaranlage auf dem Dach des Nachbarn verhandeln, um für den Toast, der jetzt hineingesteckt wurde, die nötige Energie einzukaufen. Solche riesigen Datenmengen in Cyber-Systemen lassen sich nur noch mit KI ordnen und auswerten.

1.2 KI kämpft an der Kundenfront

Egal ob an der Fertigungsstraße oder im Marketing, egal ob über Entscheidungsbäume oder Künstlich Neuronale Netze: Alle KI-Systeme sind von Algorithmen geleitet. Trotz Künstlicher Intelligenz und maschinellem Lernen müssen Menschen vorab definieren, welche Fragen zu klären oder welche Probleme zu lösen sind, um den Lernprozess der KI in Gang zu setzen. Im Einsatz an der Kundenfront unterstützt KI heute meist in Entscheidungsfindung und Interaktion.

Entscheidungsfindung
Entscheidungen kann KI besonders gut unterstützen, wenn in Echtzeit entschieden werden soll, da sie Unmengen an Daten in Sekundenbruchteilen verarbeitet. Sie kann im direkten Kundenkontakt oder als verlängertes Gehirn eines Mitarbeiters verschiedene Aufgaben erfüllen:

- Zuordnen (Frage-Antwort, Aufgabe)
- Empfehlen (Alternative auswählen, Ressourcen priorisieren, Prozesse verändern)
- Strukturieren (Trends erkennen, Ausreißer finden, Ähnlichkeiten identifizieren, Muster ableiten)

Interaktion
KI-Anwendungen zur Interaktion mit Kunden oder Mitarbeitern funktionieren über Schnittstellen für Spracherkennung und Verarbeitung. Bekannt sind digitale Assistenten wie Alexa von Amazon, Siri von Google oder Cortana von Microsoft. Sie interagieren aber auch als Stimme am Telefon, Icon auf einem Bildschirm oder als menschenähn-

1 Bauchgefühl unterfüttern – KI zwischen Glaskugel ...

liche Roboter, die wie der humanoide Kollege „Pepper" in großen Einkaufszentren stehen oder in Eingangshallen von Unternehmen. Digitale Assistenten können Gespräche führen und Aufgaben erfüllen, indem sie sprachgesteuert mit anderen Diensten verbunden sind. So kann Alexa das Wetter erfragen, eine Termineinladung versenden oder die Heizung regulieren.

Als Privatperson nutzen Sie KI im Alltag – bewusst oder unbewusst – vermutlich heute schon durch Personalisierung beim Nachrichtenkonsum in Ihrem News-Aggregator, beim Shoppen auf Amazon Prime, beim Musik hören auf Spotify oder beim Filme schauen auf Netflix. Dahinter haben sich schon unzählige Anwendungen entwickelt, mit denen Unternehmen Umsatz steigern oder Kosten sparen. Die nachfolgende Liste zeigt nur einen Auszug heutiger Einsatzfelder für KI in Marketing, Vertrieb und Service:

- Kundenverhalten analysieren
- Konkurrenz beobachten
- Zielgruppen segmentieren
- Marktforschung automatisieren
- Produkte entwickeln
- Sortimente optimieren
- Potenzielle Käufer vorhersagen
- Interessenten verfolgen
- Preise dynamisch anpassen
- Empfehlungen personalisieren
- Nachfrage vorhersagen
- Mediapläne optimieren
- Marketing-Kampagnen aussteuern
- Werbung personalisiert schalten
- Reichweiten messen
- Kampagnen-Performance optimieren
- Redaktionelle Inhalte erstellen
- Webseiten optimieren
- Werbung in Echtzeit vermarkten
- Testverfahren (Testing) automatisieren
- Betrugsversuche erkennen

- Kundenzufriedenheit analysieren
- Kündigende zurückgewinnen
- Kundenservice automatisieren

Vielleicht fragen Sie sich jetzt, warum diese Anwendungen, von denen viele längst schon in Unternehmen etabliert sind, nun mit KI aufgerüstet werden sollten? Eine Antwort findet sich am Beispiel von Handelsunternehmen. Je besser es ihnen gelingt, die Nachfrage ihrer Kunden vorherzusehen, desto erfolgreicher agieren sie. Welcher Kunde kommt wann in welches Ladengeschäft, Restaurant oder Kino, und wonach wird er dort wohl fragen? Nicht nur der Handel, auch Hersteller, Gastronomie, Entertainment oder Servicegesellschaften wollen den Bedarf ihrer Kunden vorhersagen. KI hat keine Glaskugel, im Gegensatz zur klassischen Datenanalyse, die aus Daten der Vergangenheit lernt, sie kann jedoch die Zukunft mehr oder weniger zielsicher vorhersagen. KI beobachtet das Verhalten der Konsumenten und unzählige Einflussfaktoren aus der Umwelt, für Unternehmen in dynamischen Märkten kann das ein entscheidender Vorsprung sein. In einer Restaurantkette könnte sie beispielsweise berücksichtigen, wie der bevorstehende Feiertag, die Wettervorhersage, das TV-Programm, der lokale Eventkalender, Aktionen der Konkurrenz und die Social-Media-Kommentare der Zielgruppe den erwarteten Verzehr beeinflussen werden. Die Gastronomen verlassen sich künftig vermutlich lieber auf diesen Assistenten als auf die Vorjahres-Zahlen oder das Bauchgefühl. Im Idealfall gewinnen Anbieter und Konsument, wenn der Besucher sein Kalbsschnitzel bekommt und der Wirt nichts wegwerfen muss.

Speziell die kundennahen Bereiche Marketing, Vertrieb und Service profitieren von der Prognosekraft in KI-Anwendungen. Wenn die nachfolgenden Fragen in Ihrem Job-Alltag relevant sind, finden Sie in diesem Buch praktische Anleitungen:

- Woher wissen wir, welche Nutzer morgen noch bereit sind, für unsere Problemlösung zu bezahlen?
- Was braucht dieser Kunde jetzt von mir, um sich für uns zu entscheiden?
- Was genau werden unsere Nutzer künftig bei uns nachfragen?

- Wie können wir in Echtzeit den richtigen Inhalt an die richtige Person vermitteln?
- Wie und wann wollen unsere Kunden worüber mit uns sprechen?

> **Ihr Transfer in die Praxis**
> - Große Datenmengen in Cyber-Systemen können Sie nur noch mit KI ordnen und auswerten.
> - Entscheidungen können Sie mit KI vor allem dort optimieren, wo in Echtzeit entschieden werden muss.
> - Wenn Sie KI zur Interaktion einsetzen wollen, benötigen Sie Schnittstellen zur Spracherkennung und -verarbeitung.
> - In dynamischen Märkten können Sie mit KI Konsumentenverhalten besser vorhersagen.

Literatur

Böhm, M. (2019). KI-Programmierung: 5 der beliebtesten KI-Programmiersprachen. Googleseo.de. https://googleseo.de/blog/ki-programmierung-5-der-beliebtesten-ki-programmiersprachen/. Zugegriffen: 30. Dez. 2022.

Otte, R. (2019). *Künstliche Intelligenz für Dummies* (1. Aufl.). Weinheim.

Statista. (2022). Umsatz im Bereich Künstliche Intelligenz weltweit im Jahr 2021 und eine Prognose für die Jahre 2022 und 2024. Statista.com. https://de.statista.com/statistik/daten/studie/1211850/umfrage/umsatz-im-bereich-kuenstliche-intelligenz-weltweit/. Zugegriffen: 30. Dez. 2022.

Steward, J. (2022). Die ultimative Liste der Internet-of-Things-Statistiken für 2022. findstack.com. https://findstack.com/de/internet-of-things-statistics/. Zugegriffen: 30. Dez. 2022.

Wuttke, L. (2022). Deep Learning. Definition, Beispiele & Frameworks. datasolut.de. https://datasolut.com/was-ist-deep-learning/. Zugegriffen: 30. Dez. 2022.

2
Einfach machen – Customer Lifecycle in Marketing, Vertrieb und Service

> **Was Sie aus diesem Kapitel mitnehmen**
>
> - Wo KI im Kundenlebenszyklus heute schon Mehrwert bringen kann.
> - Wie Interessenten und Besucher in Echtzeit von KI gefiltert werden.
> - Warum Produktempfehlungen mit KI nachhaltiger sind.
> - Wann Content-Marketing und Kundendialog automatisch emotional wirken.
> - Wieso Kundenverlust mit KI-Anwendungen vermieden wird.

Produkt, Preis, Distribution und Kommunikation: Die Formel für erfolgreiche Produktvermarktung aus den 1960ern von Jerome McCarthy ist nach wie vor gültig, allerdings hat sich die Komplexität in den vergangenen zwanzig Jahren exponentiell vervielfacht. Seit Produkte im Internet vergleichbar und grenzübergreifend verfügbar geworden sind, hängt die Kaufentscheidung zunehmend von Sichtbarkeit, Vernetzung und Servicegrad ab. Dynamische Preise reagieren beispielsweise heute in Echtzeit auf unzählige Faktoren und nutzen die Zahlungsbereitschaft von Konsumenten je nach persönlichem Druck. Wer die Lieferung in einer Stunde erwartet oder das Uber-Taxi im

Hauptverkehr braucht, der bezahlt mehr. Versicherungen bieten Tarife nach Nutzung an, so können Krankenkassen in den USA gesundheitsförderliches Verhalten anhand von Gesundheitsdaten in Smart-Watches belohnen oder KFZ-Versicherungen je nach Fahr-Stil, -Intensität und Unfallhäufigkeit abrechnen. Händler analysieren mit Algorithmen, welche Produkte aus ihrem Sortiment zu Kombinationskäufen führen (Kinderzahnpasta mit Hamsterfutter) und räumen Regale um. Vertriebsteams lassen ihre Kunden auswerten, um in der Ausschreibung die passgenauen Argumente zu finden. Deutsche Service-Agenten können chinesische Kunden bedienen, mit einer KI, die in Echtzeit dolmetscht. Egal ob Marketing, Vertrieb oder Service, alle Bereiche im Kundenkontakt sind gefordert, riesige Datenmengen zu verarbeiten. Warum das ohne KI nicht gelingen wird und was bereits erfolgreich angewendet wird, zeigen die Beispiele in diesem Kapitel.

Kundenlebenszyklen beschreiben typische Verläufe, vom ersten Interesse eines potentiellen Kunden an Produkten und Services bis zur Kündigung seines Vertrages oder idealerweise bis zur langfristigen Kundenbindung. Ein bekanntes Modell von Forrester Research unterscheidet sechs Phasen (Abb. 2.1):

Potentielle Kunden sind auch im Business-to-Business-Umfeld (B2B) in den Phasen bis zum Kauf zunehmend auf eigene Faust unterwegs. Aktuelle Studien gehen davon aus, dass bis zu 60 % des Entscheidungsprozesses bereits erledigt ist, wenn der Vertriebsmitarbeiter kontaktiert wird (Alexander, 2022). KI kann entscheidend dazu beitragen, Online-Schaufenster und -Plattformen des Unternehmens datengetrieben zu personalisieren auf Basis von komplexen Nutzerprofilen. Sie kann anonyme Interessenten online persönlicher abholen als der empathischste Verkäufer im Ladengeschäft. Für jede Phase werden nachfolgend Anwendungsbeispiele aufgezeigt, die bereits im Praxiseinsatz sind.

2.1 Discovery – Entdecken mit Lead-Filtern

In der ersten Phase wollen Vermarkter potenzielle Kunden auf ihr Angebot aufmerksam machen, und zwar genau diejenigen, für die sie ihre Lösung entwickelt haben. KI-Tools helfen, die Methode

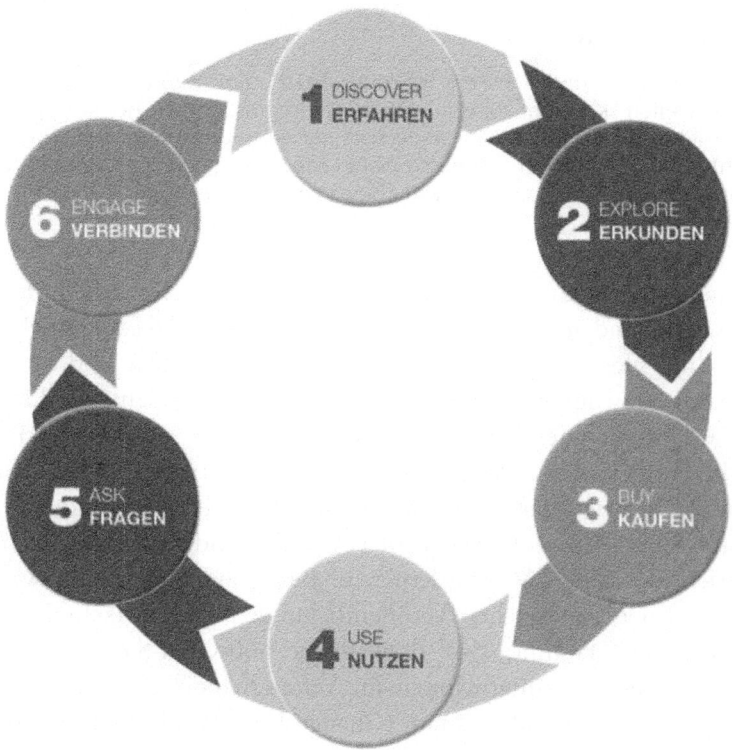

Abb. 2.1 Die 6 Phasen des Customer Lifecyle. (Quelle: In Anlehnung an Ihnenfeldt, 2020)

„Gießkanne" mit hohen Streuverlusten abzulösen durch exakte Identifikation, welcher Kunde wann kontaktiert werden sollte. Eine weit verbreitete Anwendung ist die Auswahl vielversprechender Kontakte (Lead-Profiling). In der frühen Phase, wenn es darum geht, potenzielle Kunden aufmerksam zu machen, kann KI dabei unterstützen, aus der Masse an möglichen Interessenten das größte Potential herauszufiltern. Sie kann Interessentenprofile erstellen und das Verhalten von interessanten Leads vorhersagen.

> **Definition Lead**
>
> Im Marketing und Vertrieb ist ein „Lead" ein Kontakt mit einem potenziellen Kunden. Manche Vertriebsorganisationen nennen jeden Vertriebskontakt „Lead", für andere ist nur ein interessanter Kontakt ein echter Lead. Beide versuchen, so viele Leads wie möglich zu Kunden zu konvertieren. Die Erfolgsrate wird Conversion-Rate genannt.

Angenommen, Sie arbeiten im B2B-Vertrieb für ein E-Commerce-Shopsystem und suchen nach etablierten Versandhandelsunternehmen, die an die Grenzen ihres Online-Shop-Systems stoßen und an Ihrer Standardlösung interessiert sein könnten. Sie nutzen eine KI-Lösung, die alle Unternehmen filtert, die in dieses Raster passen und zu jedem ein Ist-Profil erstellt. Was produziert oder vertreibt dieses Unternehmen? Welche Märkte bespielt es mit wie vielen Standorten und Mitarbeitern? Wie entwickeln sich Umsatz und Marktanteile? Was lässt sich aus seiner Website lernen in Bezug auf Stärken, Schwächen und Strategien? In welchen Veröffentlichungen und Artikeln wird das Unternehmen erwähnt? Auf Basis dieser 360-Grad-Sicht kann Ihre KI alle etablierten Unternehmen im Versandhandel identifizieren, die einen hohen Entwicklungsstau (Change-Index) aufweisen in Bezug auf ihr Shopsystem. Das reicht Ihnen noch nicht, Sie wollen Ihre Vertriebsliste (Sales-Ranking) sortieren: Der Lead mit der höchsten Wahrscheinlichkeit für einen Abschluss soll ganz oben stehen. Ihre KI nutzt daraufhin Deep-Learning und lernt durch Untersuchen der besten Bestandskunden, welche Muster zur Konvertierung (Conversion) geführt haben. Solche Erfolgsmuster überträgt sie auf das aktuelle Sales-Ranking und lernt jeden Tag dazu. Ihre Liste kann sich täglich ändern, denn die KI sucht offen im Internet nach Signalen, die auf Veränderungen bei Ihren Kandidaten im Ranking hinweisen, crawlt Webseiten, Plattformen, Content oder Social-Media-Kanäle. Aktuelle Meldungen, wie die Vergabe von Beraterbudgets, Stellenausschreibungen, Beschwerden auf Social-Media oder Kommentare auf Arbeitgeberplattformen können Hinweise sein, dass der Lead jetzt heiß wird und sofort vom Vertriebsteam adressiert werden sollte.

2.2 Explore – Erkunden mit Targeting

Dank Ihrer intelligenten Lead-Filter-Maschine sind Ihre Wunschkunden auf Sie aufmerksam geworden und nun auf Erkundungstour. Die Interessenten besuchen Ihre Webseite, vergleichen Angebote und suchen ihrerseits nach Rankings, Bewertungen und Produktkritiken. Online-Marketeers wenden nun Targeting-Techniken an, um für jeden Interessenten den passenden Inhalt auszuspielen. Ihr Ziel ist es, den Lead von Ihrem Angebot zu überzeugen.

> **Definition Targeting**
>
> „Targeting" ist eine Methode aus dem automatisierten Marketing, um Werbung auf Webseiten individuell für den Nutzer und seinen aktuellen Bedarf auszuspielen. Eine bekannte Variante davon, das sogenannte Re-Targeting, beobachtet und speichert durch den Einsatz von Cookies alle Seitenbesuche und Klicks eines Nutzers, um ihm später auf anderen Webseiten die eigenen Werbebanner einzublenden.

Mit KI-Einsatz könnten Sie hier eine Anwendung für sogenanntes „Pre-Targeting" testen. Auf Basis des Surfverhaltens aus dem klassischen Targeting wird Ihre KI alles sammeln, was hilft, das Verhalten Ihres Interessenten vorherzusagen. Sie vergleicht sein Verhalten mit dem von anderen Interessenten und allen Mustern, die sie bereits gelernt hat. Die KI spielt Werbebanner aus wie beim Re-Targeting oder stellt auf der Webseite bestimmte Informationen nach vorne und beobachtet jede seiner Reaktionen, um ihr Prognoseprofil zu verfeinern (Hada, 2019).

Einen Schritt weiter geht das sogenannte „Predictive-Behavioral-Targeting" (PBT). Neben dem Surfverhalten werden hier unter anderem folgende verhaltensrelevanten Daten erfasst (Emran, 2020):

- Psychografische und demografische Daten aus der Registrierung
- Verhaltensorientierte Kriterien wie Markenwahl, Preis-Sensitivität oder Produkt-Einstellung
- Umfeld-Daten wie Uhrzeit und Zeitzone, Aufenthaltsort und genutztes Endgerät
- Daten aus sozialen Netzwerken

Neben aktuellen Bedürfnissen können so auch längerfristige Interessen und Motive erfasst und dynamisch angereichert werden. KI-Algorithmen können viel feinere Cluster bilden und Zielgruppen präzise beschreiben.

Die nächste Ausbaustufe im Targeting können Sie mit Operational Intelligence (OI) erreichen, einer Art dynamischer Analyse in Echtzeit. Clustering-Algorithmen sind in der Regel für Offline-Verarbeitung konzipiert und müssen wiederholt einen Satz von Datenproben durchlaufen, um zugrunde liegende Strukturen zu erfassen (Luber & Litzel, 2021). In der Erkundungsphase muss es jedoch schnell gehen und jede Aktion individuell auf den einzelnen Interessenten zugeschnitten sein. OI kann ohne aufwändige Offline-Segmentierung in Echtzeit alle Merkmale und Eigenschaften des Nutzers verarbeiten. So entsteht ein Rundumblick auf den Interessenten, der über sein Verhalten hinaus auch Shopping-Laune, Wünsche, Bedürfnisse und Emotionen interpretieren kann (Luber & Litzel, 2021). Die KI testet sich voran. Neben der Entscheidung, welches Werbebanner passt, wird sie auch dessen Aufbau, Design, Farben und Schlüsselreize empfehlen und aus jeder Reaktion mehr über den Interessenten lernen. So wird es zunehmend leichter, jeden potentiellen Kunden individuell in Echtzeit während seiner Erkundungsphase zu überzeugen.

2.3 Buy – Kaufen auf Empfehlung

Ihr potentieller Kunde ist so weit, er hat sich für Ihr Angebot entschieden und bewegt sich in Ihrem Webshop auf die Kasse zu. Laut Forrester kommt es nun auf einen reibungslosen Ablauf an: Bis zum Check-out sollten Sie Wartezeiten vermeiden, Informationen übersichtlich darstellen, Hilfestellungen anbieten, wenn Probleme auftreten und Produktbesonderheiten hervorheben (Ager, 2021). Wofür also noch eine KI-Lösung, wenn sich der Kunde schon entschieden hat?

Erstens wollen Sie nicht nur schnell abkassieren, sondern sicherstellen, dass der Kunde das passende Produkt ausgewählt hat, schließlich soll seine erste Produkterfahrung positiv sein und ihn vom

Zweitkauf überzeugen, statt Ihre Retouren nach oben zu treiben. Zweitens könnten Sie ihm Zusatzartikel verkaufen, die seinen Bedarf gut ergänzen. Maschinen für personalisierte Empfehlungen sind heute Standard in Webshops. „Kunden, die A gekauft haben, kaufen auch B" ist ein gängiges Modell. Je nach Klick- und Kaufverhalten wird zusätzlicher Content angezeigt für weitere Kaufanreize. Amazon füllt beispielsweise zwei Drittel der Startseite mit personalisierten Vorschlägen.

Empfehlungsmaschinen (Recommendation-Engines) sind heute Standard im Onlineshop. Kollaborative Filter analysieren Verhalten und Präferenzen der Kunden im Webshop und vergleichen sie mit denen anderer Kunden, um Empfehlungen abzugeben à la „Kunden, die dieses Produkt kauften, kauften auch" (Wörndl & Schlichter, 2021). Inhaltsbasierte Empfehlungen finden ähnliche Attribute zu persönlichen Vorlieben in Content wie Büchern oder Musikstücken. Pandora.com, ein Internetradiodienst klassifiziert beispielsweise Musikstücke nach 400 Attributen, die für über 900.000 Liedtitel von etwa 90.000 Musikern erfasst wurden. Herkömmliche Empfehlungsmaschinen analysieren nur das Nutzerverhalten und berücksichtigen weder Pläne des Kunden noch mögliche Folgekäufe. Vielleicht hat sich der Kunde schon für das neue Modell entschieden, also wäre die Empfehlung überflüssig. Oder die Recommendation-Engine empfiehlt ein Produkt mit hoher Marge, obwohl ein weniger profitables Produkt eine Reihe von Folgekäufen triggern könnte (Scholz & Thess, 2017). KI-basierte Empfehlungsmaschinen können diese Brücke schlagen, denn sie arbeiten heute mit selbstverstärkendem Lernen (Reinforcement Learning). Im Webshop wird auf dem Weg zur Kasse (Check-out) für jeden relevanten Zustand der Kundeninteraktion (zum Beispiel Produktansicht im Webshop) die richtige zu unterbreitende Empfehlung gefunden. So werden Produkte, Informationen oder Preise empfohlen, um den Umsatz und Kundenwert langfristig zu maximieren. Methodisch kann die KI-basierte Empfehlung nicht mehr nur das historische Verhalten von Kunden analysieren, sondern auch deren Wechselwirkungen mit Empfehlungen modellieren (Scholz & Thess, 2017).

2.4 Use – Anreichern mit Content Marketing

Der erste Kauf ist getätigt und gespannt geht der Kunde die ersten Schritte mit Ihrem Produkt oder Service. Sie wollen ihn auf den ersten Schritten gut begleiten, um sein Erlebnis positiv zu gestalten. Speziell im B2B-Umfeld beginnt nach dem Kauf eine wichtige Orientierungsphase, in der sich entscheidet, wie gut der Kunde das Produkt versteht und einsetzen kann. Mit Content-Marketing können Sie ihm in dieser Phase praktische Anleitung und Mehrwert bieten.

> **Definition Content-Marketing**
>
> „Content-Marketing" ist eine Form von Online-Marketing, die anstelle von werblichen Informationen hochwertige Inhalte kostenlos ausspielt, um den Kunden Mehrwert zu bieten. Je nach Branche und Komplexität des Produktes, können solche Inhalte beispielsweise Tutorials, Blogbeiträge, Studien, Whitepaper, Ratgeber oder E-Books sein (Lapp, 2021).

KI kann im Content-Marketing sowohl Inhalte erstellen als auch miteinander kombinieren, veröffentlichen und distribuieren. Unternehmen, die große Mengen an Content produzieren wollen, ohne dafür eine Masse an Redakteuren zu beschäftigen, nutzen KI-Algorithmen, die das Internet automatisch nach Informationen durchsuchen und daraus lesbare Artikel schreiben. KI wird vollautomatisierte Redaktionen entstehen lassen, die perspektivisch Redakteure, Journalisten und Marketeers ersetzen (Müller-Brehm, 2021). Global agierende Organisationen können im Content-Marketing heute schon mit KI in Echtzeit Artikel oder Postings in die Muttersprache des Kunden übersetzen, je nachdem von wo er zugreift und in welcher Sprache er am liebsten im Netz kommuniziert. In naher Zukunft werden wir auch KI-Anwendungen einsetzen, die fertige Texte sofort an die Sprech- und Lesegewohnheit der Nutzer anpassen können, damit zum Beispiel eine technische Anleitung sowohl für Ingenieure als auch für Laien verständlich wird. In der Distribution von Informationen arbeiten heute viele Algorithmen mit Content-Recommendation. Das bedeutet, anstelle eines Artikels für alle wird personalisierter Content an die jeweilige Interessenslage des Lesers angelehnt in einer Art individuellen Massenanpassung (Mass-Customization) (Eck, 2017). Egal, ob Nutzer in ihrem Messenger-Dienst, auf einer Nachrichtenseite oder einem Shop unterwegs sind: Alles, was sie sehen, wird individuell auf sie und ihre Tagesform zugeschnitten.

Wie stark Ihr Unternehmen aufgestellt ist in Content-Distribution wird künftig wichtiger sein als die Content-Fülle und -Qualität auf Ihrer Webseite. Hintergrund ist der Trend zu Messenger-Diensten, die erfolgreich Social-Media-Plattformen zurückdrängen. Der Messenger-Dienst WhatsApp hat mittlerweile über 2 Mrd. monatlich aktive Nutzer und der chinesische Konkurrent WeChat 1,25 Mrd. Experten prognostizieren, dass in fünf Jahren jedes Unternehmen seinen Service über Messenger wie WhatsApp anbieten muss, um mit Kunden in Kontakt zu bleiben (Kopocz, 2019). Mehr Content auf der eigenen Webseite, sogenannter „Owned-Media-Inhalt", wird nicht mehr ausreichen. Unternehmen müssen den Content in die digitale Nähe ihrer Kunden bringen über smarte Content-Distribution auf anderen Portalen. Ein Vorreiter ist der genannte chinesische Messenger-Dienst WeChat. Seine Nutzer beziehen alle Inhalte über spezielle WeChat-Seiten direkt im Messenger und suchen nicht mehr über Internetbrowser (Kopocz, 2019). In Zukunft werden wir anstelle von Apps, Suchmaschinen, Webseiten und Shops nur noch Messenger-Dienste und Sprachassistenten als Content Hubs nutzen. KI-Algorithmen werden unerlässlich sein, um mit Marketing-Inhalten für Kunden sichtbar zu bleiben. Mehr zur disruptiven Veränderung im Marketing und Kundenzugang lesen Sie im Kap. 3 (vgl. Abschn. 3.3).

2.5 Ask – Antworten mit Chatbots

Kunden werden auch in einer voll digitalisierten Zukunft mit Content-Marketing-Impulsen noch Fragen stellen zu Produkten oder Services und ihre Anliegen klären. Derweil steigt die Erwartungshaltung, Kunden wollen jederzeit von überall aus Kontakt aufnehmen können, sofort erkannt und fallabschließend bedient werden. Wie lässt sich Kundenkommunikation im Service über alle Kanäle automatisieren?

Seit einiger Zeit experimentieren Unternehmen in der Kundenkommunikation mit Chatbots, um einfache Anliegen automatisiert zu klären. Das sind regelbasierte Systeme, die trainiert werden, auf häufig vorkommende Fragen zum Beispiel nach Umtausch oder Öffnungszeiten zu antworten.

> **Definition Bot**
>
> Ein „Bot" ist ein Kontextprogramm, das zur Automatisierung eines Prozesses eingesetzt wird. Eine bekannte Variante von Bots sind Chatbots, die darauf programmiert und trainiert werden, mit Menschen per Text oder Sprache zu kommunizieren. Chatbots automatisieren dadurch die Kommunikation von Unternehmen und sollen ihren Nutzern den Alltag vereinfachen, wenn es darum geht, Friseurtermine zu vereinbaren, Reisen zu buchen oder beim Lieferservice Essen zu bestellen.

Regelbasierte Bots sind limitiert, wenn eine Kunden-Frage abweicht, finden sie in ihrem Antwortfundus nicht die passende Lösung und antworten mit Phrasen wie, „es tut mir leid, ich habe Sie nicht verstanden". Solche Entschuldigungen benötigen KI-basierte Bots deutlich seltener, da Computerlinguistik und Algorithmen mit natürlicher Sprachverarbeitung (Natural Language Processing) live Gesprochenes verstehen und verarbeiten können. KI kann im Kundenservice natürliche Kommunikation automatisieren, die über alle Kanäle hinweg funktioniert. Vielleicht fragen Sie sich jetzt, wie offen Ihre Kunden dafür sind, mit einer Maschine zu sprechen? Generell gilt, je höher die Problemlösungsrate, desto besser die Akzeptanz. Die Praxis zeigt auch, je jünger die Kunden, desto höher ist heute schon das Interesse, im Live-Chat direkte Antworten zu bekommen, statt anzurufen, E-Mails zu schreiben oder auf der Webseite nach Informationen zu suchen. Die Nutzung von Smartphone-Geräten steigt und mit ihr der Wunsch, von unterwegs einzukaufen und Probleme im Service gelöst zu bekommen. KI-basierte Bots im Kundenservice sind immer online, können viele Kunden auf einmal bedienen und deren aktuelles Problem in Kontext setzen zur Kundenhistorie oder zu ähnlichen Problemen anderer Kunden. Auf dem Weg zu Ihrem perfekten KI-Bot können Sie schrittweise lernen, indem Sie Ihren Bot intelligent mit den Service-Mitarbeitern verknüpfen.

> **Beispiel Chatbot**
>
> Freddy Freshbot ist ein Chatbot im Facebook-Messenger, um Kunden Rezeptideen und Lebensmitteltipps zu vermitteln. Für Nutzer, die nach einem Gericht oder einer Zutat suchen, sucht Freddy passende Rezepte auf dem HelloFresh-Blog.

(Abb. 2.2).

Freddy Freshbot sendet Erinnerungen und unterhält seine Nutzer mit kulinarischen Quizfragen.

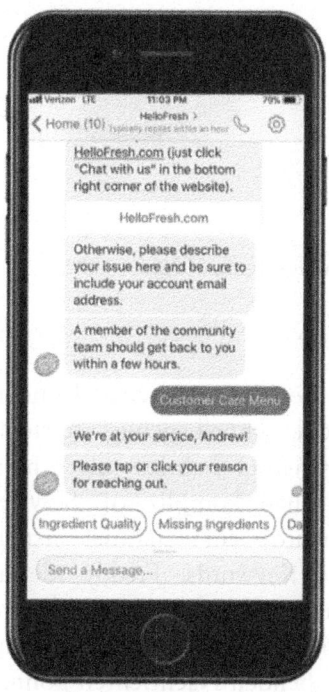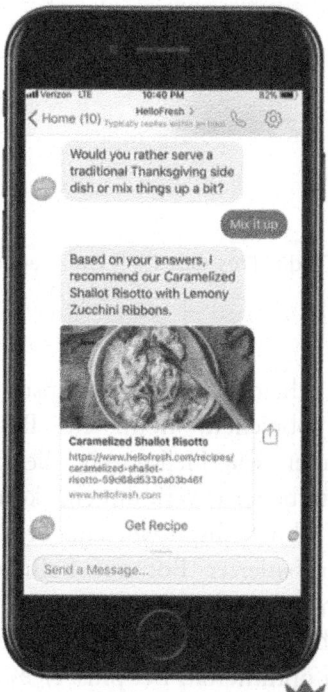

Abb. 2.2 Freddy Freshbot empfiehlt Rezepte. (Quelle: Leah, 2022)

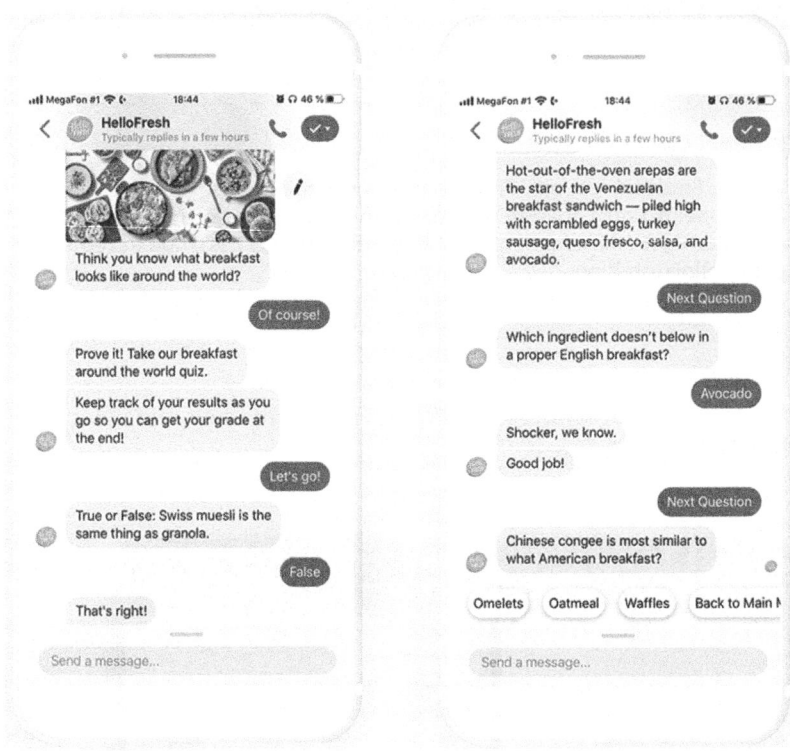

Abb. 2.3 Freddy Freshbot stellt Quizfragen. (Quelle: Leah, 2022)

(Abb. 2.3).

Heute scheitern viele Bot-Lösungen noch daran, dass Kunden entnervt abbrechen, wenn ein Bot nicht schnell genug versteht. Unternehmen wie HelloFresh, die den Chatbot nahtlos mit echten Servicemitarbeitern verknüpfen, können auch komplizierte Serviceanfragen schnell beantworten. Freddy wurde auf Chatfuel erstellt als Button-basierter Bot auf kulinarische Keywords. Freddy identifiziert sich sofort als Bot und kann an den Kundenservice weiterleiten. HelloFresh nutzt den Bot, um die Antwortzeiten auf Facebook-Nachrichten zu optimieren. Bei plus 47 % eingehenden Nachrichten konnte der Lebensmittellieferdienst seine Reaktionszeit mit Freddy um 76 %

verbessern. HelloFresh bewirbt auf Facebook einen exklusiven Chatbot-Rabatt, der per Nachricht von Freddy ausgespielt wird (Leah, 2022).

Wenn Sie einen KI-basierten Service-Bot nutzen, ist Ihr Service-Center rund um die Uhr an sieben Tagen die Woche besetzt. Ihr motivierter Service-Bot produziert keine Warteschleifen und kann schon heute viele einfache Anfragen abschließend beantworten. Je transparenter Sie mit ihm umgehen, desto leichter werden Ihre Kunden Vertrauen fassen. Disney, das US-amerikanische Medienunternehmen, hat beispielsweise negative Erfahrungen gemacht mit einem Klick-to-Messenger Format auf Facebook: In der Facebook-Timeline erschien ein gesponserter Post von Disney, der beim Anklicken eine Bot-Kommunikation in der Messenger-App öffnete (Popineau, 2017). Kinder hatten damit kein Problem, aber die Eltern wehrten überrumpelt ab.

2.6 Engage – Halten mit Churn Management

Interesse geweckt, Bedarf identifiziert, Kauf abgeschlossen, Fragen beantwortet: was nun? Bestandskunden können zu treuen Käufern und loyalen Botschaftern werden, solange sie von Produkt und Service überzeugt sind. Langfristige Kundenbindung erfordert allerdings aktive Beziehungspflege. Viele Unternehmen haben inzwischen gelernt, dass es deutlich mehr kostet, neue Kunden anzulocken, als Bestandskunden zu halten oder Kündigende zurückzugewinnen. Unter dem Begriff „Churn-Management" werden in vielen Unternehmen gezielt Maßnahmen entwickelt, um Kundenverlust zu vermeiden. Vor allem die Telekommunikationsbranche hat mit hoher Kundenfluktuation zu kämpfen. Telekommunikations-Anbieter suchten bislang oft im Rückblick nach Frühwarn-Indikatoren durch Interviews mit Ex-Kunden oder Auswertung von Reklamationsdatenbanken. Viele Unternehmen beschränken sich auch heute noch auf reaktives Handeln und wissen nicht genau, warum sie Kunden verlieren. Ziel ist, auf einen wankelmütigen Kunden zuzugehen, bevor er sich zum Wechsel entscheidet. In einer Branche mit schwacher Markenloyalität wie Telekommunikation/

Internet kommt es dabei vor allem auf den Zeitpunkt der Ansprache an, da Mobilfunk-Kunden schnell wechseln, sobald ein besseres Tarifangebot lockt. Heute können KI-Lösungen mit Data-Mining-Algorithmen den richtigen Moment finden, einen wechselwilligen Kunden anzusprechen, da sie die Wechselwahrscheinlichkeit für jeden Kunden in Echtzeit vorhersagen. Sie suchen nach Mustern in Korrelationen von Alter, Geschlecht, Einkommen, Kontakt- und Bestellpräferenzen, Content-Nutzung oder Social-Media-Verhalten (ccm360, 2019). Kunden-Feedback auf Social-Media-Portalen wird in Kontext gesetzt, beispielsweise mit einem auslaufenden Mobilfunkvertrag. Die KI-Anwendung vergibt Risikowerte als Ergebnis des berechneten Wechselrisikos, multipliziert mit dem durchschnittlichen Gewinn pro Periode. Der Algorithmus kann entweder selbstständig Rettungsaktionen anstoßen und ein neues Tarifangebot versenden oder Service-Mitarbeiter informieren, die den Kunden proaktiv kontaktieren (Gòmez-Bantel, 2017). Marketingmanager können so ihre Kampagnenbudgets effizienter einsetzen, statt mit Kanonen auf Spatzen zu schießen. Wie hoch ein Gutschein oder wie günstig ein neuer Tarif sein muss, um Kunde Müller in diesem Moment umzustimmen, bevor er bei der Konkurrenz unterschreibt, das kann die KI für jeden einzelnen Kunden berechnen.

KI-Projekte können Ihnen in jeder Phase des Kundenlebenszyklus neue Potentiale erschließen, die hier erwähnten Beispiele zeigen nur einen Bruchteil der Anwendungen. Idealerweise spüren auch Ihre Kunden direkt einen Nutzen durch relevantere Informationen, passgenaue Empfehlungen und besser gefilterte Werbeaktionen. Für Ihre ersten Schritte müssen Sie in den Phasen nicht vorne anfangen oder chronologisch vorgehen. Doch egal in welcher Phase des Kundenlebenszyklus Sie ansetzen, wählen Sie kleine und klar abzugrenzende Probleme aus, für schnelle Erfolge und sichtbaren Fortschritt. Einfache Formen von Kundensegmentierung und Empfehlungs-Systemen sind mit einer KI leichter aufzusetzen als Churn-Management mit komplexen Einflussfaktoren.

Ihr Transfer in die Praxis

- Erwägen Sie KI überall dort im Kundenkontakt, wo komplexe Nutzerprofile eine Personalisierung schwierig machen.
- Prüfen Sie vor dem Start eines KI-Projekts im Lead-Profiling oder Empfehlungs-Marketing kritisch, wo Ihre heutigen Lead-Priorisierungs- und Empfehlungs-Systeme auf kurzfristige Margen, statt langfristigen Gewinn ausgerichtet sind.
- Planen Sie KI-Anwendungen im Content-Marketing und Kundendialog nicht nur auf eigenen Plattformen, sondern dort, wo Ihre Nutzer sind.
- Verknüpfen Sie im Churn-Management automatisierte Rettungsaktionen mit dem Service- oder Retention-Team.

Literatur

Ager, V. (2021). Checkout Prozess optimieren – 12 praktische Tipps für Onlinehändler. sendcloud.de. https://www.sendcloud.de/checkout-prozess-optimieren/. Zugegriffen: 30. Dez. 2022.

Alexander. (2022). B2B-E-Commerce Missverständnisse. ecommerce-vision.de. https://www.ecommerce-vision.de/b2b-e-commerce-missverstaendnisse/. Zugegriffen: 30. Dez. 2022.

ccm360. (2019). Welchen Beitrag kann Künstliche Intelligenz (AI) zur Churn Prevention leisten? ccm360.ch. https://www.cmm360.ch/aktuell-sind-manche-unternehmen. Zugegriffen: 30. Dez. 2022.

Eck, K. (2017). Die Bot-Revolution verändert das Content Marketing: Algorithmen und AI zur Generierung und Verteilung von Content. In P. Gentsch (Hrsg.), *Künstliche Intelligenz für Sales, Marketing und Service* (S. 202–216). Springer Gabler.

Emran, N. (2020). Behavioral Targeting: Maßgeschneiderte Werbung im Internet. einstein1.net. https://www.einstein1.net/behavioral-targeting/. Zugegriffen: 30. Dez. 2022.

Gòmez-Bantel, A. (2017). Churn prediction: Mit ki den kunden ansprechen, bevor er abwandert. it-daily.net. https://www.it-daily.net/it-management/big-data-analytics/15286-churn-prediction-mit-ki-den-kunden-ansprechen-bevor-er-abwandert?xing_share=news. Zugegriffen: 30. Dez. 2022.

Hada, T. (2019). Deep Learning revolutioniert das Retargeting. adzine.de. https://www.adzine.de/2019/01/deep-learning-revolutioniert-das-retargeting/. Zugegriffen: 30. Dez. 2022.

Ihnenfeldt, E. (2020). 6 Phasen des Customer Lifecyle; Entdecken, Erforschen, Kaufen, Nutzen, Nachfragen. steadynews.de. https://steadynews.de/marketing/6-phasen-des-customer-lifecyle-entdecken-erforschen-kaufen-nutzen-nachfragen-empfehlen. Zugegriffen: 30. Dez. 2022.

Kopocz, M. (2019). Messenger-Aktien: Millennial Media. Focus.de. https://www.focus.de/finanzen/money-magazin/messenger-aktien-millennial-media_id_10790218.html. Zugegriffen: 30. Dez. 2022.

Lapp, L. (2021). Content-Marketing: Die Grundlagen auf einen Blick . Hubspot.de. https://blog.hubspot.de/marketing/content-marketing-grundlagen. Zugegriffen: 30. Dez. 2022.

Leah. (2022). Die 9 besten Chatbots 2022. Userlike.com. https://www.userlike.com/de/blog/die-besten-chatbots. Zugegriffen: 30. Dez. 2022.

Luber, S., & Litzel, M. (2021). Was ist Operational Intelligence? BigData-Insider.de. https://www.bigdata-insider.de/was-ist-operational-intelligence-a-1054876/. Zugegriffen: 30. Dez. 2022.

Müller-Brehm, L. (2021). Künstlich Intelligenz in Redaktionen – ist Journalismus berechenbar? Medienanstalt NRW. https://www.medienanstalt-nrw.de/fileadmin/user_upload/NeueWebsite_0120/Themen/Intermediaere/tbd-Debattenmonitor/Ausgabe3_Debattenradar_04_0821.pdf. Zugegriffen: 30. Dez. 2022.

Popineau, D. (2017). Chatbots: Testing new grounds with a pinch auf pixie dust? In P. Gentsch (Hrsg.), *Künstliche Intelligenz für Sales, Marketing und Service* (S. 198–202). Springer Gabler.

Scholz, J., & Thess, M. (2017). Next best action: Recommendation system next level. In P. Gentsch (Hrsg.), *Künstliche Intelligenz für Sales, Marketing und Service: Mit AI und Bots zu einem Algorithmic Business-Konzepte, Technologien und Best Practices* (S. 225–257). Springer Gabler.

Wörndl, W., & Schlichter, J. (2021). Empfehlungssysteme. Enzyklopadie-der-wirtschaftsinformatik.de. https://www.enzyklopaedie-der-wirtschaftsinformatik.de/wi-enzyklopaedie/lexikon/daten-wissen/Business-Intelligence/Analytische-Informationssysteme--Methoden-der-/empfehlungssysteme/index.html/. Zugegriffen: 30. Dez. 2022.

3

Größer denken – Conversational-Commerce konzentriert Macht

> **Was Sie aus diesem Kapitel mitnehmen**
>
> - Wie KI-Algorithmen unsere Kaufentscheidungen beeinflussen.
> - Wann die Grenze zwischen Kommunikation und Konsum verschwimmt.
> - Warum sich E-Commerce zu einem Bot-Marktplatz entwickelt.
> - Wie Sie in Zukunft am digitalen Torwächter vorbei zum Nutzer vordringen.

Bots und Messaging zählen zu den schnell wachsenden Anwendungsgebieten (Viertel, 2022). Immer mehr Unternehmen nutzen Chatbots, um ihre Kunden zu bedienen, ihre Services zu vermarkten oder ihre Produkte zu verkaufen. Auf den ersten Blick gewinnen die Nutzer eine neue Dialog-Schnittstelle, um schneller und bequemer ihre Bedürfnisse zu befriedigen. Kunden gewöhnen sich daran, dass Unternehmen sofort reagieren und umgehend Wünsche erfüllen oder Probleme lösen. Dahinter entwickelt sich eine neue Dimension von Konversations-Kommerz, genannt Conversational-Commerce oder Social-Commerce. KI-Algorithmen lernen aus Beobachtung und Interaktion über den Konsumenten und nutzen die Schnittstellen Text und Sprache, um ihn

Tag und Nacht automatisiert zu bedienen. Je menschlicher sie auftreten, desto mehr Macht gewinnen die Algorithmen über unsere Konsum-Entscheidungen.

3.1 Bots im Gespräch

Bots wie Chatbots vereinfachen nicht nur die Kommunikation mit Kunden, ihre Bot-Geschwister erleichtern auch die Zusammenarbeit im Büro. Die nachfolgende Abbildung (Abb. 3.1) zeigt beispielhaft, welche Anwendungen für Office-Nutzung im Einsatz sind:

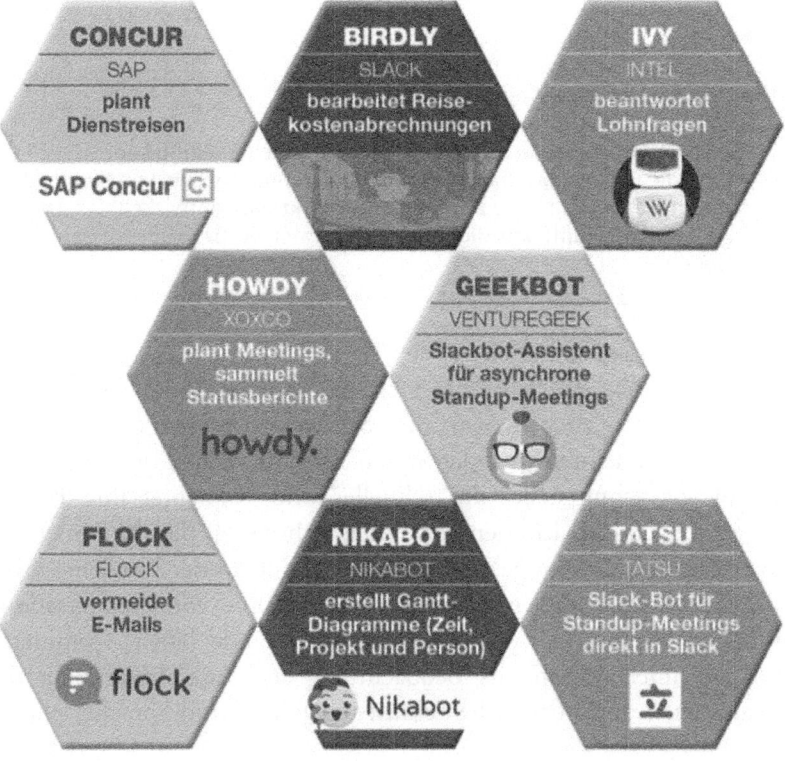

Abb. 3.1 Bots im Conversational Office. (Quelle: In Anlehnung an Gentsch, 2019, S. 66)

Im Service und Vertrieb unterstützen Bots, wie im Beispiel von Freddy Freshbot (vgl. Abschn. 2.5), den Kunden bei Auswahl und Beratung. Wer nach Hosen sucht, dem könnte der Bot Varianten empfehlen, die in dieser Saison am liebsten gekauft werden oder die am besten zum Kleidungsstil des Kunden passen. Im Anschluss könnte der digitale Helfer einen passenden Ledergürtel empfehlen, da er sich erinnert, dass der Kunde zuletzt nach Ledergürteln gesucht hat. Noch sind Chatbots in der Erprobung und tun sich leichter mit wenig erklärungsbedürftigen Produkten und Wiederholungskäufen. Obwohl die meisten Chatbots schon mäßig anspruchsvolle Gespräche führen können, stößt ihre Wenn-Dann-Logik heute noch schnell an Grenzen. Wenn ein Kunde beispielsweise eine ungewöhnliche Frage stellt, die in der Programmierung der Logik des Chatbots nicht berücksichtigt wurde, dann hat der Bot keine Chance, vernünftig zu antworten. KI-Bots spielen dagegen schon in einer anderen Liga. Sie nutzen maschinelles Lernen und natürliche Sprachverarbeitung (NLP), so können KI-gesteuerte Chatbots die Absicht verstehen, die hinter den Anforderungen von Nutzern steht. Sie können die gesamte Gesprächsgeschichte eines Kunden berücksichtigen, wenn er mit ihnen interagiert, und seine Fragen kompetenter beantworten. Mit solch technologischer Weiterentwicklung werden Bots auch komplexe Produkte verkaufen können.

Chatbots werden heute auf Webseiten von Unternehmen integriert oder sind als App zum Download verfügbar. Sie sollen personalisiert antworten als multiplizierbarer und pflegeleichter Service- und Vertriebsmitarbeiter, schließlich können sie mit tausenden Kunden gleichzeitig sprechen. Viele Chatbots sind heute schon nativ in Messenger-Apps integriert, zum Beispiel in Slack, WhatsApp, Line oder Facebook-Messenger. Allein durch diese Einbindung in den beliebten Kommunikationskanal Messenger wird die Grenze zwischen Kommunikation und Konsum zunehmend verschmelzen. Diese Verschmelzung beschreibt den Weg hin zu Conversational-Commerce. Die rasante Weiterentwicklung der Technologie wird das befeuern, denn Chatbots von morgen denken voraus: Sie kennen unsere Kalendereinträge, bearbeiten unsere E-Mails und können schon auf dem Weg zum Flughafen automatisch umbuchen, wenn ein Flug verspätet ist oder am

Ankunftsort ein Stau erwartet wird. Für uns werden diese Chatbots zu digitalen Assistenten, die aus unserer natürlichen Sprache Eingabebefehle erkennen und umsetzen, für uns einkaufen, Reisen buchen, Geld überweisen, Termine planen oder Licht und Wärme zuhause steuern. Je länger der Assistent uns kennt, desto besser kann er unsere Bedürfnisse vorhersehen.

3.2 Bot-Ökonomie setzt neue Regeln

Kein Wunder, dass alle großen Technologieunternehmen fieberhaft an der Entwicklung ihrer digitalen Assistenten arbeiten, denn sie verdienen mit, wenn wir über Alexa, Siri oder Cortana unseren Alltag organisieren. Experten erwarten massive Verschiebungen in der Online-Ökonomie. Sowohl die Google-Suche als auch Produkt-Empfehlungen auf sozialen Netzwerken werden langfristig überflüssig, wenn der digitale Assistent bessere Empfehlungen aussprechen kann, da er seinen Nutzer deutlich besser kennt (Wulf, 2021).

Zu erwarten ist, dass digitale Assistenten mittelfristig einen Großteil der Webseiten und Apps von Unternehmen ersetzen werden. Warum? Der Anspruch an Bequemlichkeit steigt: Nutzer wollen nicht mehr zwischen Anwendungen und Plattformen wechseln. Sie verwenden ihren Messenger oder ihren digitalen Assistenten als Schaltstelle. Auf der Suche nach einem neuen E-Bike werden Produktvergleich, Beratung, Auswahl, Kauf, Auslieferung und Service in eine Oberfläche integriert. Der Bot verbindet als eine Art Betriebssystem die verschiedenen Interaktionsformen zu einer durchgängigen Transaktion (Gentsch, 2017). In einem neuen Ökosystem, wie es heute schon in China mit WeChat erlebbar ist, kommunizieren intelligente Assistenten und Bots direkt miteinander. Sie agieren, recherchieren, koordinieren, organisieren und entscheiden für ihre Nutzer.

> **Beispiel WeChat**
>
> WeChat ist eine Art Full-Service-App, ein mobiler plattformübergreifender Messaging-Service aus China, der 2011 von Tencent gestartet wurde. Den

chinesischen Messenger-Dienst nutzen heute schon 2 Milliarden Menschen weltweit als digitalen Joystick, um ihren Alltag zu erleichtern (Rabe, 2022). Tencent stellt WeChat als Ökosystem für andere Anbieter bereit, die auf der WeChat-Plattform ihre Anwendungen integrieren können. Über eine leistungsfähige Schnittstelle (API) sind mehr als zehn Millionen Unternehmen der Chat-Plattform angeschlossen (IT Times, 2022). Die Nutzer chatten nicht nur mit ihren Freunden, sie bestellen beim Pizzaservice, buchen Flugreisen, entsperren E-Roller, bestellen ein Taxi, kaufen Theaterkarten, buchen Arzttermine, konsultieren Fitness-Trainer oder bezahlen ihre Rechnungen. Seit Unternehmen über WeChat ihre Kunden viel einfacher erreichen können, hat die Bedeutung von eigenen Webseiten und Apps in China massiv abgenommen (Lee, 2018). Die Nutzer bleiben am liebsten im WeChat-Ökosystem, denn hier sind alle Anwendungen integriert, ohne Download, Installation oder Login. Besonders beliebt ist der Bezahldienst: Egal ob im Online-Shop oder in der Garküche am Straßenrand, ein Scan über den Barcode reicht und schon ist das Geld virtuell transferiert vom eigenen Bankkonto (Lee, 2018). Hersteller- und Händler-Marken haben sich darauf eingestellt und ihr Online-Marketing komplett neu ausgerichtet. Sportmarken wie Nike bieten ihren Followern auf der Plattform kostenlos Sport-Tipps, Laufrouten, Trainingspläne oder Fitness-Kampagnen.

„Nutzer durch Mehrwerte binden", so lautet die Erfolgsformel im Ökosystem WeChat. Die nachfolgende Abbildung (Abb. 3.2) zeigt, welche Services die Messenger-Plattform aus einer Hand bietet.

3.3 Emotion stärkt Vertrauen in Automatisierung

Obwohl die funktionale Verknüpfung von Anwendungen erfolgreich auf dem Vormarsch ist, zweifeln immer noch viele an der vollständigen Automatisierung menschlicher Kommunikation. Die Beratungspraxis zeigt, dass die Emotionalisierung der Kundenbeziehungen für große und mittlere Unternehmen ein wichtiges Ziel ist. Viele Unternehmen glauben jedoch, dass bei ihnen Emotionen vor allem im persönlichen Kontakt entstehen. Die Untersuchungsergebnisse dürften sich in wenigen Jahren verändert haben, bedingt durch den schnellen Fortschritt in der digitalen Sprach-Erkennung und -Verarbeitung (Natural

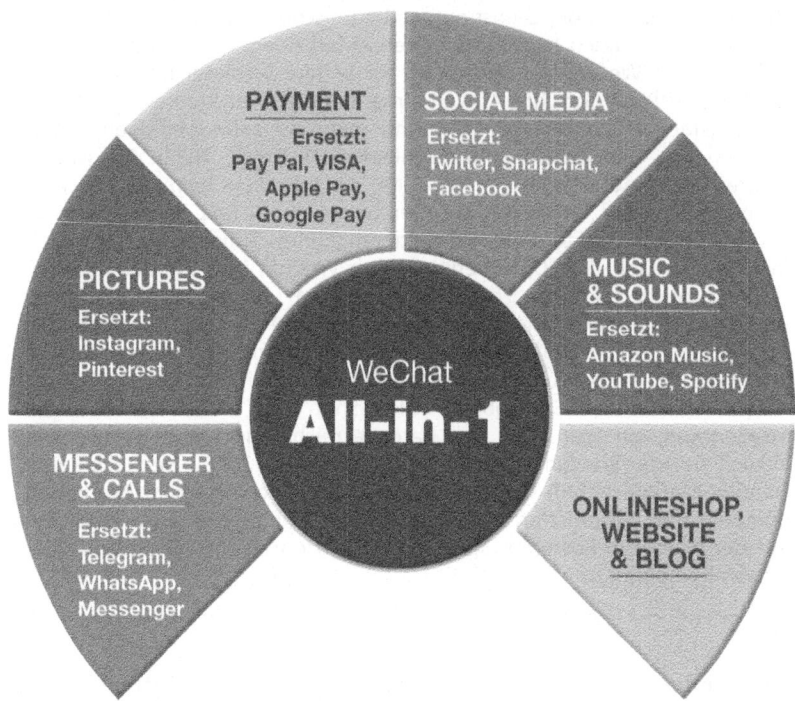

Abb. 3.2 WeChat All-in-One. (Quelle: In Anlehnung an Schoch, 2019)

Language Processing). Speziell im Self-Service, wo durch herkömmliche Automatisierung häufig die persönliche Note auf der Strecke geblieben ist, werden KI-Anwendungen wieder individuell auf den Nutzer eingehen.

> **Beispiel Amazon**
>
> Amazon hat ein sprachaktiviertes Wearable namens Halo auf den Markt gebracht, ein tragbares, vernetztes Gerät, das menschliche Emotionen wahrnehmen kann. Ähnlich wie der Echo-Lautsprecher als digitaler Assistent, soll dieses Gerät Mikrofone nutzen und zusätzlich mit einer Smartphone-App gekoppelt sein (Hemmersmeier, 2020). Die App soll Stimmmuster des Trägers analysieren und auf Emotionen schließen. Laut Patentanmeldung sollen Emotionen wie Angst, Freude, Wut, Ekel, Langeweile, Trauer oder Traurigkeit erkennbar sein. Neben praktischen

> Empfehlungen, von der Hühnersuppe bis zum Hustenbonbons bei Erkältung, könne das Gerät auch Musiktitel finden, die zur aktuellen Stimmung des Nutzers passen (Hemmersmeier, 2020). Mit oder ohne Emotions-App, Amazon hört auch heute schon konsequent mit und agiert als Schnittstelle zwischen Unternehmen und Kunden. Der smarte Lautsprecher lernt aus jedem Dialog und kann seine eigenen Angebote darauf zuschneiden. Je mehr Nutzer ihr Leben mit Alexa teilen, desto größer wird der Einfluss von Amazon als Plattform für Kundenzugang.

Manche dieser Sprachroboter sind heute so gut trainiert, dass sich nicht direkt erkennen lässt, ob es sich um Mensch oder Maschine handelt. Google Duplex hat auf einer Entwicklerkonferenz schon im Jahr 2018 das Auditorium mit einem Anruf in einem Friseursalon überrascht, der nicht von einem echten Anrufer zu unterscheiden war (Voicebot, 2018). KI-basierte Bots der neuen Generation können, wie im Amazon-Beispiel, nicht nur die Aussage von Nutzern verstehen, sondern auch Stimmungen des Sprechers ermitteln. Bots können empathische Reaktionen lernen und werden zunehmend menschlich erlebt. Je unkomplizierter und natürlicher Nutzer und Maschine miteinander reden können, desto mehr wird das Vertrauen gestärkt und die Alltagstauglichkeit wächst. Während also einerseits die emotionale Bindung zum digitalen Assistenten steigt, nimmt andererseits die emotionale Bindung an Marken ab, da der Assistent zunehmend mehr in Suche und Auswahl eingreifen darf. Wenn der Assistent beispielsweise entscheidet, wann welches Eis gekauft wird, um seinen Nutzer bei Liebeskummer aufzumuntern, dann verlieren die gewohnten Werbespots an Relevanz. Im Marketing geht es dann um sachliche Ansätze und vor allem um Zutritt zur Plattform, deren Algorithmus entscheidet. Für Marketing-Manager wird der Zugang wichtiger als die Marke selbst (Gentsch, 2019). Im Vertrauen auf Einfühlungsvermögen und Urteilsfähigkeit seines digitalen Concierge, überlässt der Endkunde seinem Assistenten die Auswahl im Rahmen von gelernten Präferenzen. Anbieter, die zum Nutzer vordringen wollen, müssen im Netzwerk seines digitalen Helfers sichtbar sein und für den Algorithmus relevant erscheinen. Der Netzwerkeffekt und damit die Macht von geschlossenen Plattformen wie Amazon könnte sich enorm verstärken.

Marketingabteilungen, Vertriebsteams und Serviceorganisationen werden ihre Strategien darauf anpassen müssen, da sie den Endkunden nicht mehr direkt erreichen. Sie werden lernen, die persönlichen Assistenten zu adressieren, um mit ihrer Botschaft im besten Fall den digitalen Torwächter zu überzeugen. Unternehmens-Bots werden mit Konsumenten-Bots kommunizieren, um relevante Angebote im richtigen Moment auszutauschen. Sie werden beobachten, wann der Konsument oder sein Bot etwas wissen möchte, wonach er sucht und was er plant. In letzter Konsequenz würde das bedeuten, dass sich auf den Online-Marktplätzen nur noch Bots begegnen, wie es heute schon auf Finanz-Marktplätzen oder beim automatisierten Versteigern von Werbeplätzen (Real-Time-Bidding) der Fall ist (Gentsch, 2019).

Die nachfolgende Abbildung (Abb. 3.3) zeigt beispielhaft den Weg von einem einfachen Online-Shop zu einer Bot-dominierten E-Commerce-Zukunft.

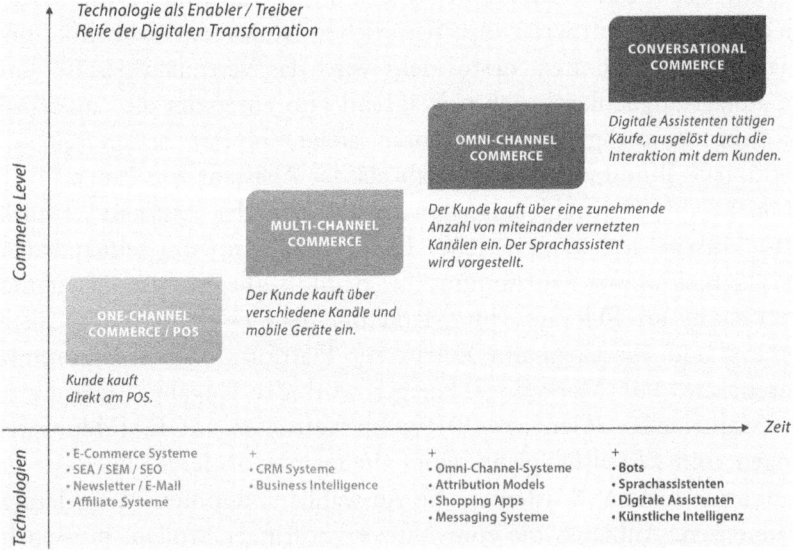

Abb. 3.3 Digitale Transformation im E-Commerce. (Quelle: In Anlehnung an Gentsch, 2017, S. 133 [seinerseits angelehnt an Mücke Sturm & Company 2016])

Neue Ökosysteme wie WeChat in China zeigen unmissverständlich, dass Unternehmen ihre Produkte und Services nicht mehr unabhängig vermarkten können. Die gelernte Abgrenzung vom Wettbewerb weicht einer neuen Haltung von Kooperation in vernetzten Ökosystemen. Spätestens dann wird unsere Ökonomie nicht mehr ohne KI-Anwendungen funktionieren, um in Echtzeit unzählige Dialoge zu begleiten und Transaktionen managen zu können. Bequem ist für den Kunden, dass seine Informationen zentral in Datenwolken zusammengeführt und ausgewertet werden. Die Wolke kennt seine Vorlieben und Verhaltensmuster besser als jeder Concierge und kann Kommunikation und Service elegant zuschneiden. Konsumenten bezahlen für diesen Service mit ihren Daten und leben möglicherweise in einer Blase, die dominiert wird von der mächtigsten Plattform, auf der alle Informationen zusammenlaufen. Während Kunden sich diese Abhängigkeit möglicherweise nicht bewusstmachen, kommen Anbieter an dieser Erkenntnis nicht vorbei. Unternehmen, die keinen Zugang finden zur Plattform, die den Marktplatz steuert, gelangen nicht mehr ins Sichtfeld ihrer Kunden. Es gilt zu verstehen, wie die Algorithmen ticken und was die Bots Ihrer Kunden künftig für relevant erachten. Umso wichtiger für Sie, jetzt erste Erfahrungen mit Ihren eigenen Bots zu sammeln.

Ihr Transfer in die Praxis

- Achten Sie darauf, dass Ihr Bot-Pilot die Kundenhistorie in einen Kontext setzen kann, um kompetenter zu antworten.
- Planen Sie KI-Projekte nicht als Stand-Alone, sondern finden Sie die relevanten Messenger-Plattformen und digitalen Assistenten Ihrer Kunden.
- Bauen Sie intern Know-how auf in der B-to-Bot-Kommunikation, um mit Ihren Botschaften für die Bots Ihrer Kunden relevant zu bleiben.
- Schaffen Sie intern Verständnis für Kooperation in Ökosystemen als Basis für eine neue Vertriebsstrategie.

Literatur

Gentsch, P. (2017). *Künstliche Intelligenz für Sales, Marketing und Service: Mit AI und Bots zu einem Algorithmic Business-Konzepte, Technologien und Best Practices.* Springer Gabler.

Gentsch, P. (2019). *Künstliche Intelligenz für Sales, Marketing und Service: Mit AI und Bots zu einem Algorithmic Business-Konzepte, Technologien und Best Practices* (2. Aufl.). Springer Gabler.

Hemmersmeier, J. (2020). Die Vermessung des Kunden. spiegel.de. https://www.spiegel.de/netzwelt/gadgets/fitnessarmband-halo-von-amazon-die-vermessung-des-kunden-a-344d307e-4ee8-4157-940d-fa9839828d4d. Zugegriffen: 30. Dez. 2022.

IT TIMES. (2022). Tencent: WeChat Super-App wächst trotz staatlicher Eingriffe kräftig. it-times.de. https://www.it-times.de/news/tencent-wechat-super-app-waechst-trotz-staatlicher-eingriffe-kraeftig-142757/. Zugegriffen: 30. Dez. 2022.

Lee, F. (2018). WeChat – Die App, die das ganze Leben digitalisiert. wiwo.de. https://www.wiwo.de/futureboard/chinas-maechtiger-messenger-wechat-die-app-die-das-ganze-leben-digitalisiert/23135062.html. Zugegriffen: 30. Dez. 2022.

Rabe, L. (2022). Anzahl der aktiven Nutzer von WeChat. statista.com. https://de.statista.com/themen/1995/whatsapp/#:~:text=Der%20beliebteste%20Messenger%20weltweit,WhatsApp%20der%20beliebteste%20Messenger%20global. Zugegriffen: 30. Dez. 2022.

Schoch. (2019). Warum europäische Unternehmen WeChat nicht ignorieren dürfen. Massiveart.com. https://www.massiveart.com/blog/warum-europaeische-unternehmen-wechat-nicht-ignorieren-duerfen. Zugegriffen: 30. Dez. 2022.

Viertel, K. (2022). Chatbots Trend & Prognosen 2022 – Wohin geht die Reise? messengerpeople.com. https://www.messengerpeople.com/de/chatbot-trends-prognosen-2022-wohin-geht-die-reise/. Zugegriffen: 30. Dez. 2022.

Voicebot. (2018). Google Duplex Demonstration. youtube.de. https://www.youtube.com/watch?v=FIa4JJLfzI0 Zugegriffen 30. Dez. 2022.

Wulf, D. (2021). Diese 7 Smart Home Trends 2022 werden unser Leben verändern. homeandsmart.de. https://www.homeandsmart.de/smart-home-trends-2022. Zugegriffen: 30. Dez. 2022.

4
Erst das Anliegen, dann die Technik – den richtigen Anwendungsfall finden

> **Was Sie aus diesem Kapitel mitnehmen**
>
> - Wie Sie den perfekten Anwendungsfall finden.
> - Wo Kontaktwünsche von Kunden und Unternehmen im Konflikt stehen.
> - Warum Projektstruktur Ihren Erfolg sichert.
> - Wie Sie aus dem Helikopter Komplexität reduzieren können.

KI eröffnet ein Meer voller Möglichkeiten. Wie weit Sie sich aufs offene Wasser hinauswagen, hängt auch vom Reifegrad Ihres Unternehmens ab, wie Sie im vorhergehenden Kapitel gelesen haben. Aktiv werden sollten Sie auf jedem Entwicklungs-Level. Statt auf die IT-Abteilung zu warten, können Sie in kleinen Schritten lustvoll lernen. KI ist kein Selbstzweck, daher orientieren Sie sich an Nutzer-Interessen. Wo zeigt sich ein erster kreativer Spielraum, der Mitarbeitern Lust macht und Kunden spürbar mehr bietet? Testen und lernen Sie ausgehend vom Anwenderwunsch und begleitet von klaren Zielen. So werden Sie mit mehr Sicherheit kleinere Pilotprojekte aufsetzen, die auch mit 80 %

Perfektion gut genug funktionieren und die Tür öffnen für Weiterentwicklung.

4.1 Schatzkiste voller Kundenbedürfnisse

Auf der Suche nach Ihrem ersten KI-Piloten sammeln Sie echte unerfüllte Kundenbedürfnisse. Je relevanter Ihre Lösung für Ihre Kunden, Nutzer oder Mitarbeiter ist, desto besser stehen die Chancen auf Akzeptanz:

> **Landkarte für Mehrwert-Sucher**
> - Wo beschweren sich Ihre Kunden oder Kollegen über zeitraubende Prozesse wie langwierige Personalrekrutierung oder komplizierte Formulare?
> - Was bemängeln Kunden an Ihren Kontaktpunkten, wie umständliche Formulare oder schlechte Erreichbarkeit?
> - Wo kommen die etablierten Prozesse in Ihrem Bereich an Grenzen?
> - Wer ist im Wettbewerb bekannt für einfache Lösungen oder guten Service und warum?
> - Welche Ideen haben Sie bereits aus Innovationsworkshops oder Kundenbefragungen mitgenommen zu echten Schmerzpunkten Ihrer Kunden?

Die Landkarte kann Ihnen eine Menge unerfüllter Bedürfnisse aufzeigen. Achten Sie darauf, dass neben internem Optimierungspotential auch ausreichend viele Kundenprobleme auftauchen. Das setzt voraus, Perspektiven zu wechseln und die Welt aus Nutzer oder Käufersicht zu betrachten. Obwohl der Begriff Kundenorientierung inzwischen inflationär verwendet wird, erfassen viele Unternehmen Kundenverhalten und Kundenfeedback noch nicht systematisch. Sollten Sie in einer solchen Organisation arbeiten, dann werden Sie womöglich in lange Gesichter blicken, wenn Sie im Marketing nach Customer Insights fragen. Vermutlich ernten Sie auch wenig Verständnis, wenn Sie dann eine quantitative Marktforschungsstudie vorschlagen, um den Kunden zu befragen. In solchen Fällen könnte es helfen, auf typische Kundenbedürfnisse zurückzugreifen, die übergreifend gelten, um sie für Ihren Fall auf Potential abzuklopfen.

Dazu sagt kein Kunde nein:

- Auswahl erleichtern durch ein kuratiertes Angebot: Wie gut erkennt Ihre Webseite die Bedürfnisse des Kunden und spielt ihm daraufhin gezielt eine Auswahl an Angeboten aus?
- Verstehen vereinfachen durch Filtern nach relevanten Informationen: Wie gezielt werden Marketinginformationen für den Empfänger ausgewählt, statt Werbung mit der Gießkanne?
- Verfügbarkeit erhöhen durch Zugriff unabhängig von Zeit und Ort: Wie flexibel können Kunden auf Ihre Angebote und Dienstleistungen zugreifen, von überall und jederzeit?
- Beziehung stärken durch einen Ansprechpartner auf allen Kanälen: Wie leicht machen Sie es Ihrem Kunden, Beziehung aufzubauen im Kontakt?
- Sprachbarrieren überwinden durch Übersetzung in Echtzeit: Wie gut finden sich Kunden bei Ihnen zurecht, die eine andere Sprache sprechen?
- Augenhöhe herstellen durch angepasste Sprache und Tonalität: Wie nahbar sind Sie in Sprache und Ton, um sich auf den Kunden einzustellen?
- Transparenz erhöhen durch sichtbaren Status-Fortschritt: Wie sichtbar zeigen Sie auf, wo der Kunde im Prozess gerade steht?
- Zeit sparen durch kürzere, schnellere Prozesse: Wie gut sind Sie darin, unnötige Wartezeiten zu vermeiden?

Sollten Sie danach immer noch nicht genug Kunden-Schmerzpunkte in Ihrer Schatzkiste gesammelt haben, könnte Ihnen das Suchfenster auf der Webseite oder im Webshop beim Aufspüren helfen. Welche Fragen stellen sich Kunden, die auf Ihrer Plattform unterwegs sind und möglicherweise Schwierigkeiten haben? Konsumenten suchen beispielsweise nach:

- „Fahrrad leihen Hotel"
- „Status Auslieferung"
- „Login klappt nicht"
- „Gutschrift Retoure"

Wer das Suchverhalten seiner Kunden und Besucher auswertet, der wird eine relevante Masse von wiederkehrenden Fragestellungen finden, die Hinweise auf Optimierungspotential liefern.

Im nächsten Schritt gilt es, aus Ihrer breiten Sammlung den richtigen Fall zu identifizieren. Mit einer prallgefüllten Kiste von Ideen fragen Sie sich nun, wo Sie am besten anfangen mit künstlicher Intelligenz? Schließlich wollen Sie echte Probleme lösen und Ihre KI auf den ersten Schritten nicht überfordern. Filtern Sie Ihre Liste zunächst nach internen Prozessen und Kunden-Themen und sortieren Sie dann in Gruppen (zum Beispiel Kundenkontakt, Backend-Prozesse etc.).

Angenommen, Sie entscheiden sich für ein Kundenthema und wollen ein Problem im Kundenkontakt lösen: Wie finden Sie nun den passenden Anwendungsfall aus Ihrer Liste? Ein mögliches Filterinstrument für Kundenkontakt ist die „Value-Irritant-Matrix", entwickelt von den Service-Experten Bill Price und David Jaffe. In dieser Vier-Felder-Matrix lässt sich einfach sortieren, wo Kunden an einem persönlichen Kontakt interessiert sind und an welcher Stelle ihnen eine unkomplizierte Problemlösung lieber wäre (Abb. 4.1).

Verorten Sie jeden Ihrer möglichen Anwendungsfälle in der Matrix, um herauszufinden wie die Interessen verteilt sind (Marketing Resultant, 2022):

- Quadrant 1: Sie wollen Kontakt aufnehmen, um
    - mehr über Produkt- und Dienstleistungswünsche Ihrer Kunden zu lernen,
    - Ideen für Einsparungen zu sammeln,
    - Ansatzpunkte für zusätzliche Angebote zu finden,
    - Einwilligungen oder Zugang zu bekommen (Opt-in, Email-Login).
- Quadrant 2: Ihr Kunde will Kontakt aufnehmen, um
    - Antworten zu bekommen,
    - einen Rat oder Anleitungen zu finden,
    - Geld zu sparen,
    - ein Extra zu bekommen.

Abb. 4.1 Value-Irritant-Matrix nach Price und Jaffe. (Quelle: Marketing Resultant, 2022)

- Quadrant 3: Ihr Kunde will keinen Kontakt, denn
  - das wäre ihm lästig,
  - das kostet extra Zeit, ohne Zusatznutzen,
  - das Thema ist ihm unangenehm oder peinlich.
- Quadrant 4: Sie wollen keinen Kontakt, denn
  - das kostet Sie zu viel Zeit,
  - jeder Kontakt kostet unnötig Geld,
  - der Kontakt bringt keinen zusätzlichen Mehrwert für Umsatz oder Beziehung.

Interessant für KI könnten die Konfliktfelder sein, an denen Sie Kontakt wollen aber der Kunde nicht oder jene, an denen er Austausch sucht, Sie aber keine Mitarbeiter dafür binden wollen. Mit Ihrem KI-Piloten können Sie genau dort ansetzen und es ihm entweder möglichst einfach machen, wenn Sie ihm lästig sind oder exzellenten Self-Service anbieten, wenn er Ihre Nähe sucht.

4.2 Ungewollten Kontakt vermeiden und ungeliebten vereinfachen

Vorausschauende Wartung (Predictive Maintenance)
Unternehmen, deren Produkte nachgefüllt werden müssen, gewartet oder regelmäßig ausgetauscht, können den Serviceanrufen Ihrer Kunden mit KI elegant zuvorkommen. Auf Basis eines Datenmodells können die Unternehmen den Servicefall vorhersagen und rechtzeitig selbst die Lösung liefern. Im B2C-Umfeld könnte es für Predictive Maintenance genügen, den durchschnittlichen Verbrauch von Kaffeekapseln zu beobachten und den Kalkgehalt des Wassers mit in Betracht zu ziehen, um das Verhalten der Kaffeemaschine vorhersagen zu können. In B2B-Unternehmen mit technischen Produkten werden Sensoren genutzt, um Messwerte und Daten in der Maschine zu erfassen. Aus großen Mengen dieser Daten berechnet die KI-Lösung des Herstellers dann Eintrittswahrscheinlichkeiten für Störungen oder Bedarfe.

Chat-Assistenten (Chatbots)
Ein Bot ist ein Kontextprogramm, das zur Automatisierung eines Prozesses eingesetzt wird. Wie in Kap. 2 erläutert, automatisieren Chatbots die Kommunikation und sollen ihren Nutzern den Alltag vereinfachen, um Friseurtermine zu vereinbaren, Reisen zu buchen oder beim Lieferservice Essen zu bestellen. In dem Zusammenhang wird auch von Conversational Commerce gesprochen, wenn Geschäfte mittels Chatbot abgeschlossen werden. Chatbots werden von Unternehmen auf Webseiten platziert, als Apps zum Download angeboten oder in beliebte Messenger-Plattformen wie WhatsApp eingebunden. Kunden können mit einfachen Fragen rund um die Uhr vom Chatbot betreut werden und müssen keinen Call-Center-Mitarbeiter anrufen. Chatbots der nächsten Entwicklungsstufe denken voraus und erkennen beispielsweise schon im Stau auf dem Weg zum Flughafen, dass der gebuchte Flug gestrichen wurde, um dann selbstständig umzubuchen. So spart sich der Kunde eine Menge Aufregung und die Fluglinie unerwünschte Service-Kontakte.

> **Chatbot Digibank Singapur**
>
> Digibank by DBS ist Indiens erste reine Online-Bank als Teil der DBS Bank, der größten Bank Südostasiens aus Singapur. In einer mobilen App können Kunden alle Transaktionen im Self-Service erledigen ohne Filiale, Unterschrift und Papier. Biometrische Verifizierung garantiert hohe Sicherheit (DBS, 2022). Mittels eines Chatbots können Kunden per Text- oder Sprach-Eingabe den aktuellen Zinssatz prüfen, ihre Konten aufrufen und Zahlungen, Überweisungen oder Depot-Geschäfte erledigen. Der virtuelle Assistent kann über 10.000 Fragen beantworten und erweitert seine Möglichkeiten durch integrierte künstliche Intelligenz.

Sprachanalyse (Voice Analytics)

Sprachanalyse ist ein klassischer Anwendungsfall, um im Kundenkontakt über Hürden hinweg zu helfen, die für das Unternehmen essentiell und für den Kunden lästig sind. KI-Lösungen erstellen durch Zuhören sogenannte Stimmabdrücke (Voiceprint) mit unverwechselbaren Merkmalen aus Frequenz, Lautstärke, Sprechtempo, Melodie etc. Dieser Voiceprint wird als Datei gespeichert, ohne Gesprächsinhalte aufzuzeichnen. Kunden, deren Stimme als Voiceprint erfasst sind, sparen sich im nächsten Kontakt die Angabe von Kundennummer oder Passwörtern, da sie anhand der Stimme identifiziert werden. Die Technik ist heute so weit ausgreift, dass sich die Identität mit über 99-%iger Sicherheit bestätigen lässt (Carter, 2022).

> **Beispiel Deutsche Telekom**
>
> Die Deutsche Telekom arbeitet seit 2018 mit *KI-basierter Sprachbiometrie* für Kundenauthentifizierung im Sprachdialogsystem (IVR). Im ersten Jahr wurden mit einer KI-Lösung des Anbieters Nuance 260.000 Voiceprints von Kunden aufgenommen, die sich im Anschluss nicht mehr authentifizieren müssen, sondern sofort bedient werden können im Servicekontakt. Eine automatisierte Registrierungshotline führt den Kunden durch die Aufzeichnung seines Sprachabdrucks, auf diesem Weg hat sich das Unternehmen die Schulung von 16.000 Agenten gespart. Viele Kunden rufen auch direkt die Hotline an, um ihren Voiceprint zu hinterlassen. Sicherheitsregeln sollen Betrug verhindern, so müssen Kunden bei der Aufzeichnung ihre Kontonummer kennen und die Aufnahme per SMS-Aufforderung bestätigen. Kunden und Mitarbeiter würden den Service positiv aufnehmen, so das Unternehmen, da sie direkt zur Problemlösung springen könnten im Gespräch (Beranek, 2022).

Was uns im Service-Kontakt angenehm oder lästig ist, das hängt auch von unserer aktuellen Stimmung ab. KI-Anwendungen, die darauf trainiert sind, von Sprachaufzeichnungen auf Emotionen, Persönlichkeit und Motive des Kunden zu schließen, können passgenau empfehlen, welche Art von Dialog oder Servicekontakt der Kunde jetzt gebrauchen könne. Ist der Kunde eher verärgert, irritiert, enttäuscht oder unsicher? Daraufhin kann die KI dem Mitarbeiter Vorschläge machen, wie er den Kunden empathisch abholt oder dem Trainingsteam empfehlen, welche wiederkehrenden Muster auf Schulungsbedarf hinweisen.

> **Beispiel Precire**
>
> Precire, ein KI-Anbieter aus Aachen, kann durch die Kombination von Psychologie und künstlicher Intelligenz komplexe Zusammenhänge in der Kommunikation erkennen und ihre Wirkung objektiv messen (Precire, 2020). Im Kundenservice soll Precire die Stimmungen und Gesprächstypen messbar machen, als Basis für ein erfolgreiches Kundengespräch. Ausgehend von der Erfahrung, dass Wortwahl und Sprechweise jedes Menschen auch sein Gesprächsverhalten beeinflussen, analysiert Precire den gesprochenen Text und entdeckt Sprachmuster. Die erkannten Muster werden verschiedenen linguistischen und psychologischen Kategorien zugeordnet, die mit einer hohen Zahl anderer Nutzer kalibriert wurden (Precire, 2020). Vergleich und Analyse sollen auch komplexe Zusammenhänge offenlegen.

4.3 Wirtschaftlichkeit realistisch rechnen

Inzwischen haben Sie Ihre Schatzkiste sortiert und gefiltert auf Kontaktpunkte mit Potential für Kunde und Unternehmen. Bevor Sie sich auf Ihren Lieblingsfall festlegen, lohnt es auch, die Wirtschaftlichkeit zu betrachten. Ist das Problem wirtschaftlich so relevant, dass sich darauf ein Business Case bauen lässt? Vielleicht ist Ihr Anwendungsfall äußerst schmerzhaft, betrifft aber nur verhältnismäßig wenige Kunden. Um ein Vorhaben zu ermitteln, das echten Mehrwert bringt, sollten Sie den Projektnutzen jetzt schon bewerten. Zahlt Ihre angedachte Lösung auf die Unternehmensstrategie ein? Sichert Ihr Pilotprojekt Wettbewerbsvorteile? Steigert es messbar die Kundenzufriedenheit? Werden die

Kunden mehr kaufen oder sinken Kosten im Service? Solche Effekte zahlen auf den Ertrag ein, der idealerweise nicht nur Ihrem Bereich zufällt, sondern dem ganzen Unternehmen. Auf der Kostenseite kalkulieren Sie grob den Aufwand. Meist geht es hier um Ressourcen in der IT-Abteilung, in Ihrer Fachabteilung sowie Fremdkosten durch externe Experten oder Lizenzen für KI-Tools und -Plattformen. Eine mögliche Form, um nach Wirtschaftlichkeit zu priorisieren, skizziert die nachfolgende Abbildung (Abb. 4.2).

Für jede Ihrer Ideen in der Endauswahl beschreiben Sie die einzelnen Parameter der Tabelle und bewerten Sie den Einfluss auf einer Skala von eins (kleiner Impact) bis fünf (maximaler Impact). Aus Sicht eines Controllers mag diese Expertenschätzung noch weit entfernt sein von qualifizierter Wirtschaftlichkeitsrechnung. Die Erfahrung zeigt jedoch, dass diese Übung schnell transparent machen kann, wo Sie sich in eine Idee verliebt haben, die am Business Case scheitern wird. Auch hilft die schriftliche Formulierung, ein Projekt als solches klar abzugrenzen in Bezug auf ein eindeutiges Ziel, formulierte Begrenzungen (zeitlich, finanziell, personell) und Komplexität (Gesamtaufwand, Know-how, Risiken). Damit haben Sie eine wichtige Vorarbeit für die Auftragsklärung erledigt.

4.4 Auftrag im Detail klären

Sobald Sie den Anwendungsfall (Use-Case) für Ihren ersten KI-Piloten ausgewählt haben, gilt es Ihre internen Entscheider und Partner zu überzeugen. Argumentativ sind Sie inzwischen gut vorbereitet, schließlich können Sie sowohl aus Kundennutzen als auch wirtschaftlich herleiten, warum Ihr Use-Case den Aufwand lohnt. Stellen Sie sich trotzdem auf mühsame Diskussionen ein. Speziell wenn es um KI-Projekte geht, tun sich Entscheider oft schwer. Mangels Knowhow können die Chefs nicht auf Erfahrungswerte zurückgreifen und scheuen entweder das Risiko oder agieren aus politischem Druck und erwarten schnell zu viel vom ersten KI-Pflänzchen. Auch wenn Ihr Entscheider-Gremium kein Verständnis für die Lösungsmethodik hat und nur das laufende System sehen will, nehmen Sie sich in jedem Fall Zeit

POSITIVER IMPACT AUF...	BESCHREIBUNG	BEWERTUNG (SKALA 1-5)
Unternehmensstrategie		
Wettbewerbsvorteil		
Innovationsgrad		
Kundenzufriedenheit		
Umsatzsteigerung		
Kostensenkung		
Ertrag		Summe

NÖTIGER INVEST VON...	BESCHREIBUNG	BEWERTUNG (SKALA 1-5)
IT-Ressourcen		
Fach-Ressourcen		
Fremdkosten Manntage		
Fremdkosten Software		
Komplexitätsgrad		
Laufzeit		
Risiken		
Aufwand		Summe

Abb. 4.2 Wirtschaftlichkeitsbewertung von möglichen KI-Anwendungsfällen. (Quelle: Eigene Darstellung)

für eine detaillierte Erwartungsklärung. Warum Diagramme zeichnen oder Dokumente schreiben? Warum spezifizieren, ist doch schon alles gesagt? Wofür brauchen Sie fünf Tage, um die Anforderungen zu verfeinern, das Briefing liegt doch vor? Auch wenn Sie Druck spüren durch solche oder ähnliche Reaktionen, lassen Sie keinen Prozess-Schritt aus und nutzen Sie schon in der Auftragsklärung die Regeln strukturierter IT-Projekte. Erwarten Sie von Ihren Fach- oder Führungskollegen kein Verständnis für Softwareentwicklung und stellen Sie sich darauf ein, dass Ihr KI-Pilot ein kontinuierlicher Dialog sein wird zwischen Auftraggebern, Entwicklern und Anwendern, um die Erwartungen immer wieder zu justieren. Unterschätzen Sie nicht die politische Ebene jenseits von Projektstruktur und Prozess-Schritten und bauen Sie gezielt Beziehungen auf zu Ihren wichtigsten Stakeholdern. KI-Lösungen sind in der Regel mit Investitionen verbunden und je weiter Sie über den Tellerrand Ihrer eigenen Ressourcen hinausschauen und Sponsoren finden, desto schneller können Sie Ihr Projekt entwickeln.

Falls Sie schon in der Auftragsklärung einen externen Partner mit im Boot haben und Verträge schließen, dann sollte Ihre Vereinbarung mindestens folgende Aspekte umfassen:

- Angebotsumfang: Beschreiben Sie den geplanten KI-Piloten inklusive aller Dokumente, auf die Bezug genommen wird. Definieren Sie für die KI-Anwendung genau die zu erbringende Leistung (Deliverables) und Aufgabenpakete. Achten Sie darauf, dass alle Beteiligten das gleiche Verständnis haben, was 100 % Zielerreichung bedeutet.
- Rahmenbedingungen: Klammern Sie auch eindeutig aus, was die KI-Lösung nicht umfasst, nach welchen Regeln Sie zusammenarbeiten wollen, wer wieviel einbringt und bis wann das Projekt fertig gestellt sein wird.
- Leistungsbedingungen: Definieren Sie Kosten, Zahlungsfristen und -konditionen, Qualitäts- und Abnahme-Kriterien.
- Rechtliche Hinweise: Regeln Sie die Geltung von allgemeinen Geschäftsbedingungen, Datentransparenz und -schutz, Geheimhaltung, Gewährleistung und Haftung sowie den Gerichtsstand.

Je klarer der Rahmen, desto geringer die Gefahr, dass Ihr externer Partner oder Ihr Vorstand im Projekt die Richtung wechselt, Meilensteine nicht eingehalten werden oder Qualitätsmängel den Erfolg der KI-Algorithmen gefährden.

> **Beispiel Gigster**
>
> Wie KI auch in Projektmanagement eingesetzt wird, zeigt Gigster, eine On-Demand-Softwareentwicklungsplattform aus San Francisco. Die Plattform nutzt eine KI-Lösung, um Projekte einzuschätzen und die richtigen Entwickler zu finden. Gigster greift auf ein Netzwerk von mehr als 350 Freelancern zu und bietet Festpreisangebote für End-to-End-Service (Krajewski, 2022). Kunden beschreiben die Software-Lösung, mit der sie beispielsweise einen FAQ-Service auf der Webseite bauen wollen für häufig gestellte Kunden-Fragen. Gigster vergleicht die Projektbeschreibung mit einem Katalog von Softwarefunktionalitäten aus seinem firmeneigenen Portfolio. Der Algorithmus prüft neben 500 verschiedenen Merkmalen, die ein Produkt aufweisen kann, auch 20 weitere Anforderungen des Kunden, wie sein FAQ-Service aussehen soll. Aus diesen Informationen berechnet ein KI-Angebotsgenerator im Abgleich mit früheren Projekten in wenigen Minuten ein unterschriftsreifes Angebot und einen Zeitplan. Nimmt der Kunde das Angebot an, dann stellt die Gigster-KI das passende Entwickler-Team zusammen, das genau überwacht wird, um Qualität und Termin sicherzustellen. Treten Produktionshindernisse auf, so schlägt die KI als erste Alarm, da sie aus Erfahrungen der Vergangenheit Muster identifiziert hat. Wenn Entwickler Schwierigkeiten mit dem Code bekommen, dann vermittelt sie weltweit Kollegen, die ähnliche Probleme bereits gelöst haben, da sie alle Projekte begleitet (Daugherty & Wilson, 2018).

4.5 Projekt strukturiert aufsetzen

Mit einem Auftrag in der Tasche und der Ernennung zum Projektleiter können Sie nun eine Projektstruktur aufsetzen. Auch wenn Sie kein Freund von Listen und Plänen sind, übertragen Sie Ihre Erkenntnisse aus der Auftragsklärung in einen Projektmanagementplan, um sich selbst einen stabilen Rahmen zu schaffen. Ihr Projektmanagementplan beschreibt alles, was nötig ist, um das Projekt zu leiten:

- Ziel des KI-Piloten: Im Zielzustand formuliert, woran Sie erkennen, dass der KI-Pilot erfolgreich abgeschlossen ist.
- Arbeitspakete: Welche Arbeitspakete wann fertig gestellt werden.
- Zulieferungen zu Terminen: Wer welches Teilstück zu welchem Zeitpunkt liefert.

- Qualitätssicherung: Wie die Qualität speziell im Data-Mining gesichert wird, welche Verfahren zur Anwendung kommen, wie getestet wird und wie die Ergebnisse dokumentiert werden.
- Umfeld und Rahmenbedingungen: Darin stecken auch Fragen zum Team, welche Ressourcen an welchen Arbeitsorten zum Einsatz kommen und welche HR-Implikationen zu berücksichtigen sind.
- Verantwortlichkeiten und Vertretung: Welcher Mitarbeiter was verantwortet und wer ihn vertreten wird.
- Ansprechpartner mit Kontaktdaten: Wer zu welchem Thema wie zu erreichen ist, intern und bei externen Partnern.
- Risiken und Vorbeugung: Welches Risiko wie wahrscheinlich eintreten könnte und was zur Prävention getan wird.

Ab jetzt sitzen Sie im Helikopter, um auf Zielerreichung zu steuern. Je komplexer Ihr Pilot, desto wichtiger, dass Sie als Projektleiter den Überblick behalten. Sie machen Ziele bekannt und geben Energie, wenn im Team der Sauerstoff knapp wird. Damit Sie erst gar nicht in die Situation kommen, Luft fächeln zu müssen, denken Sie an erfolgskritischen Punkten voraus. Richten Sie Ihr Controlling nach vorne aus: Beobachten Sie den Arbeitsfortschritt, die Projektrisiken und Trends in Ihren Meilensteinen. Eskalieren Sie früh, wenn Terminverzug droht und ziehen Sie schnell Konsequenzen. Ändern Sie die Reihenfolge von Arbeitspaketen oder verringern Sie den Leistungsumfang. Falls Sie Mitarbeiter aufstocken wollen, planen Sie genug Zeit für Einarbeitung ein, bis die neuen Kollegen produktiv sind. Im schlimmsten Fall schieben Sie den Endtermin. Seien Sie vor allem ehrlich zu sich und planen Sie nicht nur Zeit zum Testen ein, sondern auch zum Reparieren (Bug-Fixing). Machen Sie es nicht komplizierter als es ohnehin schon ist: Speziell in KI-Piloten suchen Sie wo immer möglich nach Standardlösungen, statt das Rad neu zu erfinden.

Apropos Komplexität: Sollten Sie in einem Konzern arbeiten, filtern Sie aus allen Richtlinien und Standards ein nötiges Minimum heraus. Statt ISO 9001 oder das V-Modell zurechtzuschneiden, führen Sie vermutlich effektiver mit hoher Teaminteraktion, um nicht von Bürokratie aufgefressen zu werden. Zugegeben, Bürokratie kann bei großen Projekten das Team zusammenhalten, doch oft wird dann kaum noch an der eigentlichen Lösung gearbeitet. Im Mittelstand werden Sie vermutlich mehr Handlungsspielraum haben und sollten mit der Geschäftsleitung festlegen, welche Standards (wie Zertifizierungen) zu berücksichtigen sind. Nutzen Sie Ihre Freiheit, unkonventionelle Methoden vorzuschlagen, wo die Struktur noch nicht von der IT vorgegeben ist. In kleinen Unternehmen (KMU) sind Sie als Treiber gefragt und müssen das Feld weitgehend selbst bestellen. Suchen Sie dort nicht nach Richtlinien, sondern entwickeln Sie pragmatische Vorschläge, die schnell Fortschritte zeigen. Kurze Entscheidungswege und der direkte Draht zur Geschäftsführung können Ihren Bewegungsradius deutlich erweitern.

> **Ihr Transfer in die Praxis**
> - Lösen Sie echte Probleme, wo ein KI-Pilot spürbar Mehrwert bringen kann.
> - Finden Sie die Schnittmenge zwischen ungewollten und ungeliebten Kontakten, um es Ihren Kunden einfach zu machen.
> - Prüfen Sie frühzeitig die Wirtschaftlichkeit und sortieren Sie radikal aus.
> - Klären Sie nicht nur Aufträge, sondern auch Erwartungen Ihrer Stakeholder.
> - Bleiben Sie im Helikopter und planen Sie voraus, um Komplexität im Griff zu behalten.

Literatur

Beranek, B. (2022). Die Deutsche Telekom bietet mit Sprachbiometrie ein innovatives Kund*innenerlebnis. nuance.com. https://whatsnext.nuance.com/de-de/enterprise/deutsche-telekom-mehrfach-fur-sprachbiometrie-ausgezeichnet/. Zugegriffen: 30. Dez. 2022.

Carter, R. (2022). Speech Analytics Statistics for 2022. cxtoday.com. https://www.cxtoday.com/speech-analytics/speech-analytics-statistics-for-2022/. Zugegriffen: 30. Dez. 2022.

Daugherty, P. R., & Wilson, H. J. (2018). *Human + Machine: Künstliche Intelligenz und die Zukunft der Arbeit*. Dtv.

DBS Db. (2022). DBS digibank online Manage your money anytime, anywhere. DBS.com. https://www.dbs.com.sg/personal/deposits/bank-with-ease/dbs-ibanking. Zugegriffen: 30.Dez. 2022.

Krajewski, R. (2022). Best Gigster Alternatives For Hiriing Developers. ideamotive.co. https://www.ideamotive.co/blog/best-gigster-alternatives-for-hiring-developers. Zugegriffen: 30. Dez. 2022.

Marketing Resultant. (2022). Customer Service Automation 2.0. marketing-resultant.de. https://marketing-resultant.de/wp-content/uploads/eBook_Customer-Service-Automation-V2.pdf. Zugegriffen: 30. Dez. 2022.

Precire. (2020). Hintergrundinformationen zu Precire. precire.com. https://precire.com/blog/2020/02/04/hintergrundinformationen-zu-precire/. Zugegriffen: 30. Dez. 2022.

5

Der kleine Bot schmeckt am besten – je einfacher, desto Quick Win

> **Was Sie aus diesem Kapitel mitnehmen**
>
> - Was Frage-Antwort-Bots von digitalen Assistenten unterscheidet.
> - Wo Bots eingebettet und angebunden werden können.
> - Wie Bot-Plattformen die Entwicklung vereinfachen.
> - Was auf Ihrer Checkliste für den ersten Bot nicht fehlen darf.

Sie haben inzwischen eingehend sortiert, welches echte Problem Sie mit KI lösen wollen. Intern kennen Sie die Befindlichkeiten Ihrer Chefs und Sponsoren, Sie wissen auch um Anforderungen an Wirtschaftlichkeit und Rentabilität. An der Kundenschnittstelle sehen Sie Kontakt-Bedürfnisse Ihrer Kunden und Ihre Zukunftsvision: Conversational-Commerce entwickelt sich aus einem Ökosystem von Bots und Sie spielen ab jetzt mit. Auf dem Weg zu Ihrem ersten Bot denken Sie nun vielleicht an Kundendialoge, an Frage-Antwort-Automaten oder an personalisierte Angebote in Echtzeit. Livechat, Alexa-Skill, Messenger-Bot, alles schon Standard in unserem Alltag. Für Ihr Unternehmen wollen Sie nicht nur im Kundenservice, sondern entlang der gesamten Kundenreise Zusatznutzen damit generieren. Alles klar in der Theorie, doch wo fängt man da an? Wie geht das eigentlich und welche Tools gibt es für Nicht-Techies? Was bringt was und wo verbrennt man Budget? Am Beispiel von Chatbots gibt Kapitel fünf einen Überblick für Ihre Bot-Premiere.

5.1 Chatbots mit Mehrwert werden mehr

Chatbots begegnen uns heute in Apps, auf Webseiten oder in Messenger-Diensten wie WhatsApp oder Facebook-Messenger. Nicht jeder Bot ist ein KI-Genie, das lässt sich leicht daran erkennen, wie weit er interagieren kann. Die nachfolgende Abbildung (Abb. 5.1) unterscheidet vier Ebenen von Interaktionskomplexität:

Einfache Vertreter ihrer Gattung wie Frage-Antwort-Bots arbeiten mit Wissensbausteinen und gelernten Regeln. Sie scannen beispielsweise den Eingabetext ihres Nutzers nach Schlüsselwörtern und setzen daraus nach einem Regelkatalog vorgegebene Textbausteine zu einer Antwort zusammen. Solche Bots können Kunden bei einfachen wiederkehrenden Fragen betreuen und geben ab, sobald es komplizierter wird.

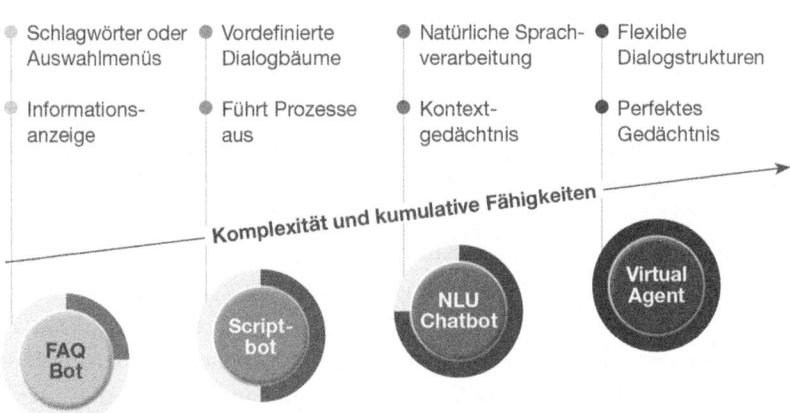

Abb. 5.1 Einteilung von Chatbots nach Interaktionskomplexität. (Quelle: In Anlehnung an Stephan, 2022)

Der nächstbessere Bot, ein sogenannter „Script-Bot", hat ein kleines Gedächtnis und kann nachfragen. Dafür muss er noch nicht Sprache verstehen, sondern lässt den Kunden zwischen Optionen wählen. Über einfache Schnittstellen kann er auf vorhandene Software-Lösungen zugreifen, um sie als Datenquellen zu nutzen. Während er mit dem Nutzer im Kontakt ist, kann er sich Details merken: Was hat sich der Kunde auf der Website gerade angeschaut? In welcher Stadt hält er sich gerade auf? Er kann daraufhin ein bestimmtes Produkt empfehlen oder das nächstgelegene Café.

Seine große Schwester hat Sprachverständnis als NLU-Chatbot (Natural Language Understanding). Sie kann Nutzertexte analysieren und Bedürfnisse oder Stimmungen erkennen. Die NLU-Chatbot-Schwester fragt nicht schematisch, sondern nur dort, wo ihr noch eine Information fehlt. Sie kann sich deutlich mehr merken, zusätzlich Informationen in Online-Quellen finden und daraus eine Antwort bauen. Sie kennt die komplette Kundenhistorie, findet gekaufte Produkte, Bewertungen und Beschwerden. Aktuelle KI-Bots können im Internet Daten selbstständig finden. Voraussetzung dafür ist das Semantic Web, also zusätzliche Daten, die Internet-Inhalte maschinenlesbar machen. Handelt es sich beispielsweise bei einem Text über Fürst von Metternich um den Spross des rheinischen Reichsgrafengeschlechtes oder die Sektmarke? In Texten und Dokumenten werden vom Ersteller im Hypertext solche Informationen ergänzt, die den Inhalt eindeutig zuordnen.

Das talentierteste Geschwisterchen der Bot-Familie kann heute mit den Deep-Learning-Algorithmen des maschinellen Lernens in Echtzeit interagieren. Es lernt aus den Reaktionen seiner Nutzer und kann mit Gegenfragen und Ausweichmanövern reagieren, wenn es selbst nicht weiterkommt. Solch ein Bot kann sowohl auf die internen Datenbanken wie CRM live zugreifen, als auch aus externen Quellen und Nutzerkommunikation lernen. Vertreter dieser Gattung sind virtuelle Assistenten wie Alexa oder Siri, die Nutzeraufträge im vernetzten Zuhause ausführen. Mit flexiblen Dialogstrukturen und perfektem Kontext-Gedächtnis lösen sie Alltagsprobleme ihrer Nutzer (Stephan, 2022).

Auch weit entwickelte Bots können einem Ablaufskript folgen und an wichtigen Punkten ihre KI-Power einsetzen. Wenn beispielsweise ein Breitbandkunde seine Netzstörung beheben will, so werden die Nachfragen zunächst einem Regelkatalog folgen. Dann könnte der Bot den Kunden bitten, ein Foto von seinem Router zu senden, aus dem der kleine Helfer das eingesetzte Gerät und die Seriennummer ermitteln kann.

> **Beispiel Bold360**
>
> Bold360 ist eine Live-Chat- und Konversations-KI-Plattform zum Einsatz im Kundenservice mit Individualisierungs-Funktionen für die Unternehmenskunden (Bold360, 2022):
> - Bold360 Chat-Widget: mit dem Chat-Widget lässt sich das Design anpassen, eine Willkommensnachricht erstellen oder eine FAQ-Liste mit Multiple-Choice-Optionen.
> - Automatische Vervollständigung und Mehrsprachigkeit: die Chatbot-Software kann die Anforderungen der Nutzer mit automatisch vervollständigten Suchbegriffen vorwegnehmen oder auf eine andere Sprache wechseln.
> - Wissensdatenbank: Bold360-Chatbots können als Berater für Live-Chat-Agenten im Backend des Systems agieren, indem sie passendes Material aus der Wissensdatenbank zu extrahieren.
> - Vorgefertigte Nachrichten: Der Chatbot unterstützt den Live-Chat-Agenten indem er den Chat-Verlauf verfolgt und nach vorgefertigten passenden Antworten sucht.

Unabhängig davon, wie weit ein Bot entwickelt ist, lassen sich zwei zentrale Einsatzbereiche unterscheiden. Chatbots sind im Kontakt mit Kunden oder Mitarbeitern, um Fragen zu beantworten, Kundenanliegen zu erkennen oder Empfehlungen abzugeben. Collaboration-Bots erleichtern Teams die Zusammenarbeit, sie recherchieren in Datenbanken, priorisieren Aufgaben oder erinnern an Wiedervorlagen. Die nachfolgende Abbildung (Abb. 5.2) zeigt Unterschiede und typische Einsatzfelder von Chatbots und Collaboration-Bots (Wilde, 2017):

Nicht alle Bots basieren auf KI. Für viele Anwendungsfälle genügen Bots oder Chatbots, die nach festen Regeln arbeiten und einfache

5 Der kleine Bot schmeckt am besten – je einfacher, desto … 57

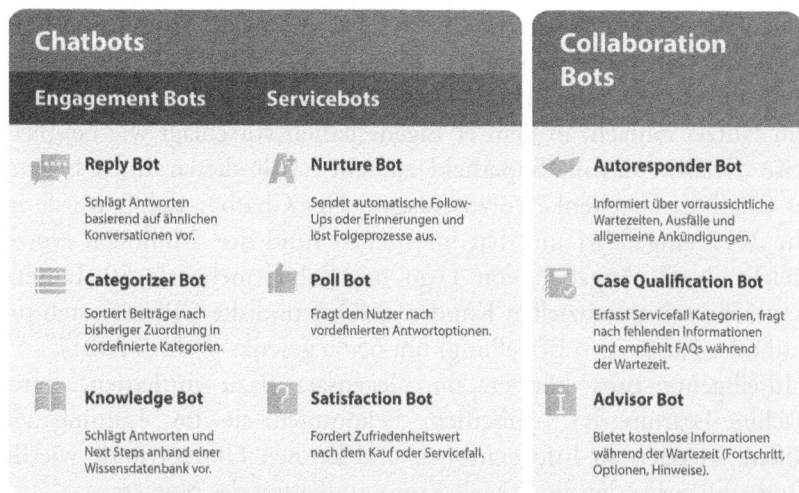

Abb. 5.2 Unterscheidung von Bot-Modellen nach Einsatzbereichen. (Quelle: In Anlehnung an Wilde, 2017, S. 175)

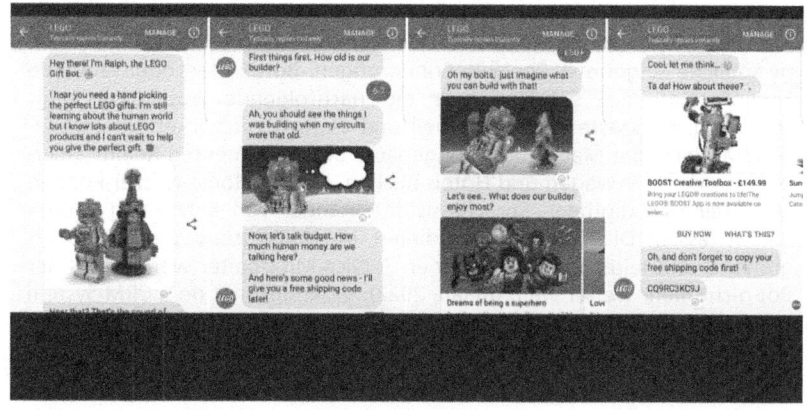

Abb. 5.3 Geschenkefinder-Chatbot Ralph von Lego. (Quelle: Stewart, 2017)

Abfragen beantworten. Einfache Bots sind nicht weniger beliebt, so wie beispielsweise der Geschenkefinder-Bot Ralph von Lego in der nachfolgenden Abbildung (Abb. 5.3).

Chatbot Ralph möchte zunächst wissen, wie alt der zu Beschenkende ist und kommentiert empathisch. Dann fragt er nach dem Budget und möchte verstehen, was für ein Typ der Empfänger ist. Ralph macht es dem Nutzer einfach, in dem er Eigenschaften vorschlägt wie beispielsweise „Träumt davon, Superheld zu sein". Mit diesen Infos beginnt der Chatbot, Geschenke vorzuschlagen. Der Chatbot Ralph wurde im Jahr 2017 eingeführt und hat inzwischen rund drei Millionen Nutzer erreicht. Nach Angaben von Lego hat Ralph mehr als 50 Tausend Gespräche mit potenziellen Kunden geführt und die CPO (Kosten pro Kauf oder Kosten pro Bestellung) um 65 % gesenkt (Valori, 2021).

Intelligente Bots können im Gegensatz dazu mitlernen, durch Machine-Learning-KI. Außerdem bekommen sie im Training viel größere Mengen an Informationen und kennen Hintergründe wie die Kundenhistorie oder die E-Mail-Kommunikation des Nutzers.

> **Beispiel KLM Chatbot**
>
> Der Bot der niederländischen Fluglinie bietet echten Kundenservice, 24 h am Tag in bis zu zehn verschiedenen Sprachen über den KLM-Messenger-Bot und WhatsApp. Der Nutzer kann neben Buchungsbestätigungen auch persönliche Angebote, Check-in-Erinnerungen, Bordkarten oder laufende Fluginformationen erhalten, wie die nachfolgende Abbildung zeigt (Abb. 5.4). Fluggäste können schnell und einfach einchecken, ihren Sitzplatz ändern, die Maße des Handgepäcks über Augmented-Reality überprüfen oder Mietwägen und Hotels buchen. Google-Home-Nutzer können sich über den digitalen Sprachassistenten sogar von KLM beim Packen helfen lassen. Die Fluglinie koordiniert im Hintergrund plattformübergreifend und leitet Kunden an einen Service-Mitarbeiter weiter, falls der Bot nicht mehr weiter weiß (Belau, 2022). Verknüpft mit dem CRM-System Salesforce werden auch die Servicemitarbeiter mit Antwortvorschlägen aus der Bot-Plattform unterstützt.

Egal ob einfach oder komplex: Wie gut Ihr Bot angenommen wird, hängt vom tatsächlichen Nutzen für den Kunden und einer störungsfreien Erfahrung ab. Fangen Sie daher mit einfachen Anwendungsfällen an und entwickeln Sie Bots mit klarem Mehrwert.

Abb. 5.4 KLM-Chatbot. (Quelle: Belau, 2022)

5.2 Von Schnittstellen, Plattformen und Baukästen

Wenn Sie einen Chatbot nutzen wollen, um Ihre Kunden oder Mitarbeiter in Beratung, Verkauf und Service zu unterstützen, dann könnte Ihr Bot auf der Webseite Ihres Unternehmens platziert werden, in Ihrer App oder, wie im Beispiel von KLM, in einen Messenger-Dienst integriert werden. Viele Nutzer scheuen sich inzwischen, zusätzliche Apps zu laden oder Webseiten zu besuchen. Sie bevorzugen ihre Social-Media-Plattform oder ihren Messenger-Dienst und wollen von dort aus alles lösen. Solche Messenger-Anwendungen wie WhatsApp, Facebook-Messenger, WeChat oder Line sind weltweit auf dem Vormarsch. Viele Unternehmen integrieren daher ihre Bot-Lösungen in die großen Messaging-Plattformen.

> Recherchieren Sie, welche Messenger-Plattformen Ihre Kunden nutzen. Je nach Alter Ihrer Nutzer werden Sie mit jungen Zielgruppen eher bei Snapchat, mit älteren beim Facebook-Messenger landen, der auch in den USA häufig genutzt wird. In Europa ist WhatsApp dominant, in China kommt niemand an WeChat vorbei.

Um Ihre Dienste auf Plattformen anbieten zu können, benötigen Sie Programmierschnittstellen (APIs, Application Programming Interface). Die API erlaubt, dass ein externer Programmcode, wie ein Bot, in eine bereits bestehende Software, in diesem Fall eine Messaging Plattform, integriert wird (Gentsch, 2017). Falls Ihnen intern die Expertise fehlt, den Bot zu bauen oder die IT abwinkt, wenn es um Schnittstellen zur Integration geht, dann können Sie sich mit Plug-and-Play-Lösungen behelfen. Mit Bots-as-a-Service-Lösungen können Sie einen Bot deutlich leichter entwickeln und integrieren. Angebote wie Microsoft Azure oder Amazon Lex sind verwaltete Dienste für die Entwicklung und Veröffentlichung von Bots, abgerechnet über die tatsächlichen Kontakte des Bots im Betrieb. Bauen können Sie den Bot auf KI-Plattformen wie dem Microsoft Bot Framework, wo viele Anleitungen und Software-Development-Kits, sogenannte „Open-Source SDKs", bereitgestellt werden. Hier lassen sich relativ einfach Bots erstellen, testen und mit Kanälen oder Geräten vernetzen. Die Auswahl in der Werkstatt reicht vom einfachen Frage-Antwort-Bot (FAQ) bis zum virtuellen Assistenten, der natürliche Sprache versteht und Bilder interpretieren kann. Am Beispiel Microsoft Azure lässt sich aufzeigen, wie sie den kleinen KI-Wurm schrittweise wachsen lassen können (Microsoft, 2022):

- QnAMaker: Starten Sie mit einem einfachen FAQ-Bot auf der Entwickler-Plattform mit einem einfachen Werkzeugkasten für Frage-Antwort-Dialoge (www.qnamaker.ai).
- Bot Connector: Integrieren sie Ihren Bot in Kommunikations-Kanäle wie Microsoft Teams, Slack, Cortana oder Facebook-Messenger.

- LUIS: Nutzen Sie den Language Understanding Intelligent Service (LUIS), um Ihren Bot mit Deep-Learning und linguistischer Analyse weiterzuentwickeln.
- Solution Accelerator: Entwickeln Sie einen virtuellen Assistenten für mehrere Apps und Geräte.

Kleine Unternehmen und Selbstständige mit begrenztem Budget und alle, die sich vor großen Plattformen scheuen, können Bot-Baukästen wie IOX oder SnatchBot nutzen. Die Basis-Pakete ermöglichen einen unkomplizierten Einstieg, um schnell Bots für verschiedene Plattformen zu erstellen.

IOX Bot: Einfache Chatbots in 30 s erstellen
IOX ermöglicht als Bot-Tool bis zu 1000 Bots als Klick- oder Freitext-Variante. Im Bau genügt es, Fragen und Antworten zu definieren. Platz findet der IOX-Bot auf Webseiten, Messenger-Diensten (Facebook-Messenger, WhatsApp, Slack, Cortana, SMS), aber auch als Amazon-Skill oder Google-Action (Siebert, 2022). Die Daten werden im EU Safe Harbour gespeichert, also auf sicheren SSL-verschlüsselten Verbindungen und Servern in Deutschland (IOX, 2022). Das Basispaket kostet 47,00 € im Monat und enthält die Implementierung eines Chatbots auf der Webseite mit 10.000 Klicks, allerdings ohne eigenes Design. Für die Pro-Version fallen 279,00 € im Monat an.

SnatchBot: Mehr als Frage-Antwort
SnatchBot nutzt maschinelles Lernen und bietet an, Self-Service-Bots zu erstellen oder hybride Bots, die Kundendialoge an Servicemitarbeiter übergeben können. Neben Frage-Antwort-Anwendungen können auch Ticketkäufe, Terminplanung oder Belegversand abgewickelt werden. Ähnlich wie bei IOX können SnatchBot-Anwendungen sowohl auf der eigenen Webseite als auch über Messenger-Dienste eingesetzt werden (SnatchApp, Web, Skype, Viber, Messenger, Slack, E-Mail, Twilio, Line). SnatchBot arbeitet nach eigenen Angaben an Lösungen für Microsoft Teams, WhatsApp Business und Apple Business Chat (SnatchBot, 2022) Anders als bei IOX, ist der Basis-Baukasten kostenlos, bezahlt wird im Pro-Tarif ab 30,00 US$ für 10.000 Nachrichten.

SnatchBot speichert Daten in North Virginia und Frankfurt und gibt an, DSGVO-konform zu sein (SnatchBot, 2022).

Ob große Marken wie Microsoft, Google und Amazon oder kleine Anbieter wie IOX und SnatchBot, ausprobieren lohnt sich in mehrfacher Hinsicht. Entwickler-Plattformen unterstützen Sie einerseits dabei, erste Schritte im IT-Umfeld von Bot-Lösungen zu gehen. Sie vermitteln aber vor allem auch wertvolle Eindrücke, wohin sich die Interaktion mit Kunden und Nutzern entwickeln wird.

> Bevor Sie sich ins Abenteuer Bot stürzen, prüfen Sie genau, woher Sie die Ressourcen bekommen, den Bot nicht nur zu bauen, sondern auch zu betreuen. Fachkompetenz und Personal ist auch dann gefragt, wenn Sie eine Entwickler-Plattform nutzen oder einen externen Partner beauftragen. Ihr Bot will dauerhaft gefüttert, entwickelt und vermarktet werden.

5.3 Checkliste für Bot-Erfolg

Ohne Anwendungsfall kein Bot. Das ist der erste und wichtigste Punkt auf Ihrer Checkliste. Wer vermeiden will, dass sein erster Bot in Schönheit stirbt, der sollte kritisch prüfen, welche Verbesserung sein Bot für die Nutzer bringen wird.

- Ist das Ziel eindeutig?
- Lässt es sich klar abgrenzen von anderen Service-Lösungen?
- Welchen Weg wird der Kunde nicht mehr gehen, wenn dieser Bot für ihn bequemer ist?
- Wie genau wird die Service-Verbesserung spürbar sein?
- Woran lässt sich die Verbesserung schon im Anfangsstadium erleben?
- Wie lassen sich Enttäuschungen im Erstkontakt vermeiden?

Wie bei jedem Projekt gilt auch hier: Je kleiner und klar umrissener Ihr Anwendungsfall ist, desto höher sind die Chancen auf einen schnellen Erfolg. Mit einem Bot für häufige Fragen (FAQ), Kundensegmentierung oder einem einfachen Empfehlungssystem haben Sie es leichter als mit virtuellen Assistenten oder Kündigungs-Prävention (Churn Management). Die folgenden Hinweise schützen Sie vor einer unsanften Landung:

Acht Erfolgsfaktoren für Ihren ersten Bot
1. **Technologie weise wählen**
   Planen Sie für die Entscheidung für eine passende Technologie genug Zeit und Budget ein. Die Technologie sollte nicht nur für Sie passen, sondern auch skalierbar sein, falls Sie im Erfolgsfall einen Bot unternehmensweit ausrollen dürfen. Wenn Ihr Unternehmen mit mehreren Business Units (BU) arbeitet oder andere Organisationen zukauft (M&A), dann werden Ihre Kollegen zwangsläufig mit inkompatibler Hard- und Software arbeiten. So kann die Entscheidung gelegentlich auf die für alle annehmbarste Technologie fallen, statt auf Ihre Lieblingslösung.
2. **Nichts ohne meine IT**
   Suchen Sie schon vor dem Start den Schulterschluss mit Ihren IT-Kollegen. Entwickeln Sie aus der Diskussion ein gemeinsames Verständnis für die technologischen Anforderungen. Wenn das nicht gelingt, holen Sie externe IT-Experten hinzu als Übersetzer oder für Wissenstransfer. Achten Sie darauf, dass Ihr KI-Pilot in den Gesamtkontext der strategischen IT-Ziele Ihres Unternehmens passt, dann überlebt er hoffentlich auch die nächste Kostenkürzung.
3. **Prototypen iterativ entwickeln**
   Arbeiten Sie in jedem Fall mit Prototypen, um Ihren Bot mit Testnutzern schnell zu überprüfen. Sammeln Sie sofort Erfahrungen im direkten Nutzer-Kontakt und verifizieren Sie Ihre Annahmen auf einem kontrollierten Spielplatz. Lassen Sie auch die Entscheider und Geldgeber testen, um deren Erwartungen zu kennen. Unterteilen Sie Ihr Bot-Programm in kleinere Projekte mit jeweils drei bis sechs Monaten Länge. Bauen Sie die Bots aufeinander auf, aber gehen Sie in Modulen vor. So können Sie jeden Bot ausrollen, der funktioniert und müssen nicht den ganzen Bausatz wegwerfen, wenn Sie einen Flop entwickelt haben.

4. **Detailverliebt in Sachen Struktur**
Wie in allen IT-Projekten, hilft auch im KI-Piloten Disziplin in Sachen Struktur. Legen Sie Arbeitsschritte fest und bestimmen Sie Steuerungskriterien, wann welcher Schritt durchgeführt wird. So können Sie sich schon im Piloten am Prozess entlanghangeln, um alle nötigen Punkte automatisch zu erfassen und abzuarbeiten. Auf diese Weise werden redundante Arbeitsschritte transparent, wenn zum Beispiel ein identischer Datensatz an mehreren Stellen erfasst wird. Sobald Data-Mining ins Spiel kommt, administrieren Sie die Gültigkeit von Modellen und sorgen Sie dafür, dass Algorithmen, Bibliotheken und Versionierungs-Systeme regelmäßig aktualisiert werden.
5. **Hartnäckig einfach bleiben**
Widerstehen Sie der Versuchung, komplexe Algorithmen einzusetzen, die schwer zu validieren sind. Steigern Sie den KI-Anteil Ihrer Bots nur langsam und nur dann, wenn der Bedarf eindeutig nachgewiesen ist.
6. **Werkzeuge schulen**
„A fool with a tool is still a fool", der Spruch aus dem IT-Kontext der 80er Jahre beschreibt immer noch treffend, was schiefgehen kann, wenn in Ihrem Projekt Modellierungstools angewendet werden ohne ausreichend Wissen und Kontext. Planen und budgetieren Sie Weiterbildung und Schulungen für Ihre Entwickler und Nutzer ein. Entwickeln Sie ein internes Kompetenzzentrum, um Know-how in Datenwissenschaft aufzubauen. Je mehr Nutzen Sie den Anwendern vermitteln können, desto besser. Wer den digitalen Helfer unsachgemäß anwendet, ist schnell frustriert und fällt in alte Muster und Prozesse zurück. Auch Mitarbeiter, die von KI-Bots unterstützt werden, müssen lernen, selbstständig mit der neuen Lösung zu interagieren.
7. **Freunde in der Rechtsabteilung**
Stärken Sie Ihre Beziehungen zu den internen Juristen, um rechtliche Vorgaben im Hinblick auf Haftung, Datenschutz und geistiges Eigentum rechtzeitig zu erkennen. Schützen Sie die Daten in Ihrer Bot-Lösung vor fremdem Zugriff.

8. Beziehung klären
Denken Sie früh daran, welche Ihrer Kollegen später von Ihrem digitalen Helfer betroffen sind. Beziehen Sie schon zum Projektstart Nutzer-Teams ein, um mitzuentscheiden, wie die Lösung menschliche Arbeitsprozesse begleiten soll. Ein wichtiger Teil der Change-Begleitung passiert auf dem Weg, wenn Ihr Projektteam eigene Regeln und Leitplanken entwickelt, wie KI-Bots mit Mitarbeitern und Nutzern interagieren.

Ihr Transfer in die Praxis

- Bots reichen von regelbasierten Frage-Antwort-Maschinen über merkfähige Bots bis zu Chatbots mit Sprachverständnis und virtuellen Assistenten mit flexiblen Dialogstrukturen und Kontext-Gedächtnis.
- Wie gut ein Bot angenommen wird, hängt davon ab, wie klar sein Mehrwert für den Nutzer erlebbar ist.
- Die Einbindung Ihres Bots in große Messaging-Plattformen und digitale Assistenten sichert Ihnen Kundenzugang.
- Auf Entwickler-Plattformen können Sie schnell und einfach Bots konfigurieren und Interaktionsmuster beobachten.

Literatur

Belau, F. (2022). Was geht im Bereich Chatbots und Messenger Marketing? omt.de. https://www.omt.de/online-marketing/chatbots-und-messenger-marketing/. Zugegriffen: 30. Dez. 2022.

Bold360. (2022). Bold360 and BoldChat Developer Center. https://developer.bold360.com/help/EN/Bold360API/Bold360API/Bold_API_Welcome_Header.html. Zugegriffen: 30. Dez. 2022.

Gentsch, P. (2017). *Künstliche Intelligenz für Sales, Marketing und Service: Mit AI und Bots zu einem Algorithmic Business-Konzepte, Technologien und Best Practices.* Springer Gabler.

IOX. (2022). IOT Solutions from IOX. Ioxlab.de. https://ioxlab.de/en/iot-solutions/iox-solutions/. Zugegriffen: 30. Dez. 2022.

Microsoft. (2022). Azure bot service. Azure.microsoft.com. https://azure.microsoft.com/de-de/services/bot-service/. Zugegriffen: 30. Dez. 2022.

Siebert, J. (2022). Chatbott erstellen: 29 Tools, mit denen du deinen eigenen Chatbot erstellst. digital-affin.de. https://www.digital-affin.de/blog/chatbot-erstellen-tools/. Zugegriffen: 30. Dez. 2022.

SnatchBot. (2022). Was ist ein Chatbot? de.snatchbot.me. https://de.snatchbot.me/chatbots. Zugegriffen: 30. Dez. 2022.

Stephan, S. (2022). Die Arten von Chatbots. Arvato.com. https://cloud-blog.arvato.com/die-arten-von-chatbots/. Zugegriffen: 30. Dez. 2022.

Stewart. (2017). Lego introduces Ralph – A Messenger chatbot to help you decide what to buy for Christmas. https://mobilemarketingmagazine.com/lego-ralph-chatbot-facebook-messenger-news-feed-christmas. Zugegriffen: 30. Dez. 2022.

Valori. (2021). LEGO chatbot communicated with more than 50 thousand people! Chatbot4app.com. https://www.chatbot4app.com/lego-chatbot-communicated-with-more-than-50-thousand-people/?lang=en. Zugegriffen: 30. Dez. 2022.

Wilde, T. (2017). Customer Engagement mit Chat-Bots und Collaboration Bots: Vorgehen, Chancen und Risiken zum Einsatz von Bots in Service und Marketing. In P. Gentsch (Hrsg.), *Künstliche Intelligenz für Sales, Marketing und Service: Mit AI und Bots zu einem Algorithmic Business-Konzepte, Technologien und Best Practices* (S. 173–186). Springer Gabler.

6

Die Guten ins Töpfchen – Daten essen die Welt

> **Was Sie aus diesem Kapitel mitnehmen**
>
> - Was Big Data mit KI zu tun hat.
> - Warum datenbasierte Unternehmen im Wettbewerbsvorteil sind.
> - Welche Datenbanktechnologien und Cloudservices heute genutzt werden.
> - Wie sich der eigene Datensalat sortieren lässt.

KI beherrscht und benötigt große Datenmengen, sowohl in der Masse als auch in der Vielfalt. In vielen KI-Projekten fließt deutlich mehr als die Hälfte der Zeit in die Auswahl, Zusammenführung und Aufbereitung von Daten. In der Informationsflut gilt es, die relevanten Datenströme herauszufiltern und zu konsolidieren. Allein das Zusammenführen ist oft schwer, da Daten nicht in einem einheitlichen Format erfasst sind. Im nächsten Schritt wird die Datenaufbereitung zur Herausforderung, wenn Know-how fehlt und die IT-Infrastruktur noch nicht für Big Data aufgerüstet wurde. Viele IT-Kollegen verzweifeln über inkompatible Hard- und Software oder die Wahl der richtigen Technologie.

Wie gut ist Ihr Unternehmen aufgestellt in der Verarbeitung von Massendaten (Big Data)? Reife im Umgang mit hochvolumigen Daten ist erforderlich, um die KI in sauber aufbereiteten, großen Datenbeständen nach Strukturen, Zusammenhängen und Trends suchen zu lassen (Data Mining). Egal, ob Sie Daten aus Ihren internen Silos herausfischen wollen oder Datenbeifang wie Cookies aus Webbrowsern für die Nutzung aufbereiten müssen, stellen Sie sich auf die eine oder andere Herausforderung ein. Ohne ausreichende Reife in Sachen Big Data wird es schwer, ein KI-Projekt einzuführen.

> **Definition Big Data**
>
> „Big Data" beschreibt Datenmengen, die so umfangreich, so komplex, so veränderlich oder so wenig strukturiert sind, dass sie nicht mehr mit manueller Datenverarbeitung ausgewertet werden können. Charakterisiert wird der Begriff durch vier Dimensionen:
>
> - Velocity: Wie schnell die Daten erfasst und bearbeitet werden können.
> - Volume: Wie groß der Umfang und das Datenvolumen ist.
> - Variety: Wie viele verschiedene Datentypen und Quellen verwendet werden (beispielsweise auch Audio, Clicks, Videos, Logfiles oder Pixel).
> - Veracity: Wie sicher die Echtheit der Daten ist.

6.1 Big Data ist jetzt Cloud

Datenhaltung, -analyse und -visualisierung überfordert viele Unternehmen heute schon. Die Menge an Daten wächst und mit ihr das Silo-Problem. Kundenstammdaten, Transaktionsdaten, Interaktionsdaten, Protokolldaten, Ereignisdaten, Bewegungsdaten oder Kontextdaten: gesammelt in unterschiedlichen Töpfen, Systemen und Fachbereichen. Wenn Datenmengen so groß werden, dass sie nicht mehr lokal gespeichert werden können, dann genügen auch traditionelle Technologien nicht mehr zur Verarbeitung. Daten werden erst zu relevanten Informationen, wenn sie im Kontext bewertet werden. Je mehr Tiefe und Vielfalt dabei entstehen, desto mehr Know-how und Infrastruktur wird erforderlich zur Bewertung und Nutzung. Kein Wunder, dass große Internetplattformen wie Google extrem schnell wachsen. Die

Dominanz solcher Giganten im Wettbewerb wird durch ihren direkten Datenzugang verstärkt, da ihr Geschäftsmodell auf Daten basiert. Etablierte Unternehmen, die nicht datenbasiert aufgebaut wurden, müssen viel investieren, um mitzuhalten. In Zukunft wird es ein entscheidender Wettbewerbsvorteil sein, Datenanalysen in Handlung umzusetzen und beispielsweise in Echtzeit auf Preisänderungen im Wettbewerb reagieren zu können. KI auf Basis von Big Data wird in vielen Branchen zum wichtigsten Asset.

> **Vier Gründe, warum sich die Investition in Big Data für Unternehmen lohnt**
>
> 1. Innovieren: Markttrends früh erkennen, auf den Wettbewerb sofort reagieren und aus Kundensicht Produkte entwickeln.
> 2. Personalisieren: Jeden Kunden rundum kennenlernen und in jedem Moment für seine Bedürfnisse spezielle Produkte und Services anbieten.
> 3. Experimentieren: Variationen testen und aus den Ergebnissen Prozesse und Produkte in Echtzeit verbessern.
> 4. Entscheiden: Umfassende und aktuelle Informationen für fundierte Entscheidungen nutzen.

Stellen Sie sich in der Vorbereitung Ihres KI-Piloten die Frage, wie gut die Infrastruktur in Ihrer Organisation aufgestellt ist, um den Datenhunger Ihrer KI stillen zu können. Wie hoch ist die Verarbeitungsleistung Ihrer Datenbanktechnik? Reicht sie aus für komplexe Berechnungen, skalierbare, verteilte und fehlertolerante Verarbeitung von Daten? Existieren Konzepte zur Programmierung und Verarbeitung, die große Datenmengen auf vielen Rechnern parallel verwerten können?

Lange war der Begriff Data-Warehouse die Eintrittskarte für Business-Intelligence, also für die Fähigkeit, Managemententscheidungen auf Basis von Daten zu treffen. Im Data-Warehouse sollen alle wichtigen Daten für die Unternehmen automatisch zusammengeführt werden, meist basierend auf relationalen SQL-Datenbanksystemen. Aus dem Data-Warehouse lassen sich Reportings ziehen, Empfehlungen und Prognosen oder Visualisierungen (Dashboards) erstellen.

> **Beispiel Dynamic-Pricing**
>
> Ein Online-Anbieter, der mit dynamischer Preisanpassung arbeitet, ist darauf angewiesen, Daten aus Datenströmen kontinuierlich zu aggregieren und live zu analysieren, um daraus in Echtzeit Aktionen abzuleiten (Dilmegani, 2021). Dafür genügt ihm das alte Data-Warehouse nicht mehr. Seine neuen Systeme können mit hoher Durchlaufgeschwindigkeit umgehen und werten mehrere Millionen Transaktionen pro Sekunde aus. Datenströme können heterogen sein und unstrukturiert wie Audio- und Videosignale. Vor der Auswertung werden sie im System bereinigt, gefiltert und geglättet, um störende Effekte wie Rauschen oder Übertragungsfehler zu beseitigen.

Inzwischen wird das Buzz-Word „Data-Warehouse" zunehmend von NoSQL abgelöst. Dahinter verbergen sich Datenbanken mit einem nicht-relationalen Modell, die deutlich performanter sind und leichter skalieren können. Große Datenmengen lassen sich mit NoSQL relativ kostengünstig verarbeiten, indem weitere Server hinzugefügt werden. Die Daten werden dann auf mehreren Servern repliziert, das steigert die Ausfallsicherheit.

Viele Unternehmen haben vom eigenen physischen Data-Warehouse zu Cloud-Services gewechselt, seit sie die Daten aufgrund der Menge nicht mehr lokal speichern können. Cloud steht in diesem Zusammenhang für eine Datenwolke. Wer einen Cloud-Service nutzt, der bucht eine IT-Infrastruktur, die über Internetzugang verfügbar ist und ihm Rechenleistung, Analyse, Anwendungssoftware oder Speicherplatz bietet. Cloud-Service-Anbieter arbeiten häufig mit konventionellen Prozessoren (Rechenknoten), die zu Gruppen vernetzt sind und mehrfach identisch vorgehalten werden. Replizierung schützt Nutzer vor Datenverlust und soll die Zuverlässigkeit der Hardware sowie fehlertolerantes Rechnen garantieren (Human, 2022). Typische Servicemodelle von Cloud-Anbietern enden auf die Abkürzung „as a Service" und bilden drei Hauptkategorien:

- **Software as a Service (SaaS):** Der Kunde bucht Zugriff auf eine Software und die dahinter liegende IT-Infrastruktur über einen Internetzugang.
- **Platform as a Service (PaaS):** Der Kunde bucht Zugang auf eine Computerplattform zur Entwicklung von Webanwendungen.
- **Infrastructure as a Service (IaaS):** Der Kunde bucht Zugang zu Rechenleistung und potentiell unbeschränkten Speicherressourcen.

Cloud-Services sind in Deutschland stark auf dem Vormarsch. Der Cloud Monitor 2021 von Bitkom Research bescheinigt einen Anstieg der Cloud-Anwender auf 82 % (Gentemann & Heidkamp, 2021). Noch immer sind Sicherheitshemmnisse der häufigste Hinderungsgrund für Unternehmen. Cloud-Anbieter investieren daher in neutrale Drittparteien, Zertifizierung von Services und die Weiterentwicklung der Technologien. Für die KI ist diese Entwicklung günstig, denn um die massiv wachsenden Datenmengen nutzen zu können, ist ausreichend Rechenleistung erforderlich, die Cloud-Dienstleister anbieten können.

6.2 Datensalat sortieren

Auf der Reise in Ihren eigenen Datenkeller starten Sie mit einem Realitätscheck: Wie steht es um die Reife Ihres Unternehmens in Sachen „Data-driven"?

- Welche Rolle spielen Daten in Ihrer Unternehmensstrategie?
- Welcher Fachbereich beschäftigt sich (außer der IT) mit Daten?
- Was denkt Ihre Geschäftsleitung über Cloud-Computing?
- Wo erleben Sie eine Optimierung von Prozessen und Produkten auf Basis von Datenauswertung?
- Wie fließen Daten in die Entwicklung neuer Produkte und Services ein?
- Wo sichert sich Ihr Unternehmen einen Wettbewerbsvorteil durch Datenauswertung?

- Welche Erlösquellen Ihres Unternehmens haben mit Datennutzung zu tun?
- Wie viele von den intern versendeten Excel-Tapeten voller Kennzahlen werden gelesen und wie oft werden auf dieser Basis Entscheidungen getroffen?
- Welche Daten werden mit Nutzern oder Partnern geteilt?
- Wie gut beobachten Sie Ihre Kunden und wie systematisch erfassen Sie diese Erkenntnisse (Customer Insights)?

Lassen Sie sich nicht entmutigen, falls Ihnen beim Beantworten der Fragen wenig positive Beispiele eingefallen sind. Auch wenn Ihr Unternehmen im Umgang mit Big Data noch nicht zu den Vorreitern gehört, lohnt es sich, in das Abenteuer „KI" zu starten. Der Realitätscheck gibt Ihnen einen ersten Eindruck, wie viel Zeit Sie für die Datensammlung einplanen sollten. Je weniger Datenreife Ihre Organisation heute aufweist, desto mehr Neuland gilt es für Sie zu erschließen.

Sie sollten Ihr Ziel so klar formulieren, dass Sie erkennen, welche Daten dafür tatsächlich nötig sind. Auf der Suche nach externen und internen Datenquellen werden Sie Daten-Silos aufspüren und sich Zugang verschaffen. Sie werden auf Qualität prüfen, unstrukturierte Daten nutzbar und dunkle Daten verfügbar machen.

Das CRISP-DM-Modell (Abb. 6.1) könnte Ihnen Orientierung bieten, wenn Sie sich aufmachen, Ihren internen Datensalat zu sortieren. CRISP-DM (Cross Industry Standard Process for Data-Mining) ist ein von der EU gefördertes, branchenübergreifendes Standardmodell für das Data-Mining in sechs Phasen (Luber & Litzel, 2019):

Phase 1: Ziel formulieren und Geschäft verstehen (Business Understanding)
Welches Ziel verfolgen Sie mit Ihrem gewählten Anwendungsfall für den KI-Piloten? Woran würden Sie erkennen, dass er erfolgreich war und wie würden Sie das messen? Formulieren Sie Ihre Aufgabenstellung und Erfolgsdefinition. Mit einem klaren Ziel beginnen Sie, die Datenlandkarte zu zeichnen:

6 Die Guten ins Töpfchen – Daten essen die Welt

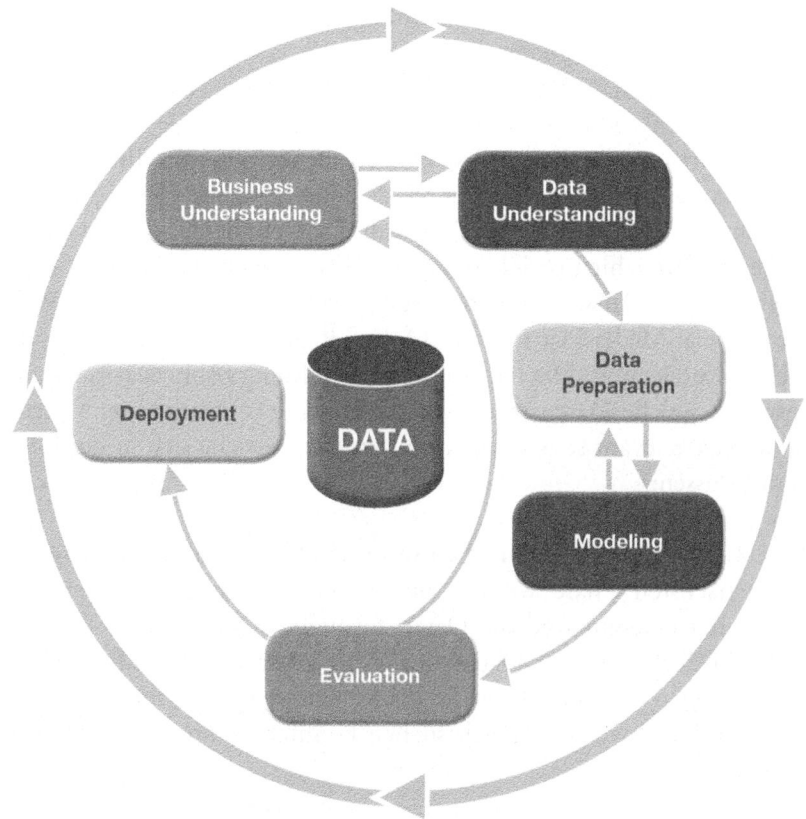

Abb. 6.1 CRISP-DM Phasen-Modell. (Quelle: CRISP-DM, 2019)

- Welche Rolle spielen Ihre Produkte und Dienstleistungen für Ihr Ziel und welche Daten wären dafür relevant?
- Welche Nutzer benötigen Sie im Zielbild und welche Datenströme von ihnen oder für sie?
- Welche Rolle spielen Internet und Social-Media für Ihr Ziel und welche Informationen daraus wären wertvoll?
- Welche Partnerschaften sind erforderlich, um Ihr Ziel zu erreichen und welche zusätzlichen Daten könnten daraus gewonnen oder geteilt werden?
- Welche Rolle spielt der Wettbewerb für Ihr Ziel und welche Branchendaten könnten für Sie von Interesse sein?

Nehmen Sie sich Zeit für die Antworten, so weiten Sie Ihren Blick ausgehend von Ihrer übergreifenden Aufgabe.

Je klarer Sie das Ziel formuliert und die erste Daten-Landkarte skizziert haben, desto leichter fällt es nun, auf Ihrem Wunschzettel zu sammeln, welche Daten Sie konkret benötigen, um Ihre KI mit Informationen zu füttern. Filtern Sie detailliert, welche Daten Sie wirklich brauchen für Ihren Anwendungsfall. Denken Sie dabei über Unternehmensgrenzen hinaus: KI ermöglicht Ihnen auch die automatisierte Integration und Auswertung von Daten aus externen Quellen wie Webseiten, Social-Media-Plattformen, Online-Registern, Suchabfragen oder mobilen Endgeräten. Die nachfolgende Abbildung (Abb. 6.2) zeigt auszugsweise, welche Datenströme für KI-Projekte in Marketing, Vertrieb und Service relevant sein können und welche Bereiche sich in der Regel damit befassen:

Phase 2: Daten verstehen und einsammeln (Data Understanding)
In der nächsten Phase werden alle Punkte auf Ihrem Wunschzettel abgearbeitet (wie gut sind die Daten zugänglich, wie ist ihre Qualität). Für Nicht-Techies ist der Datenzugang oft schon eine Blackbox. Wenn Sie sich fragen, welche Daten in Ihrem Unternehmen überhaupt verfügbar sind und wo Sie danach suchen könnten, dann starten Sie Ihre Suche hier:

- In Datenbanken für operative Daten (Kunden, Produkte, Marketing oder Vertriebsprozesse).
- In Datenbanken für dispositive (entscheidungsrelevante) Daten (Analysedaten aus dem Data-Warehouse).
- In der Kommunikations-Infrastruktur (E-Mail, Intranet, Chat).
- In Dateien auf Computern, in Netzwerkordnern oder Dokumenten-Managementsystemen.
- In Datenströmen und Logdateien jeder betriebenen Software, die Systemnutzung dokumentiert.
- In Datenströmen und Protokollen von Maschinen, die durch Software gesteuert werden.

6 Die Guten ins Töpfchen – Daten essen die Welt

DATENQUELLE	FUNDORT	DATENQUELLE	FUNDORT
Absprungraten	E-Commerce	Mailing-Tool	Vertrieb
Ad Server	Online-Marketing	Margen	Einkauf/Vertrieb
Audience-Management	Online-Marketing	Maschinenprotokolle	Produktion/IT
Bestände	Einkauf/Logistik	Nutzerverhalten Online	E-Commerce
Bestell-Devices und -Kanäle	E-Commerce	Payment-Lösungen	Vertrieb
Bestellungen	E-Commerce/Vertrieb	Produkt-Tags	Vertrieb/PIM
Blogs	Internet	Produktbeschreibungen	Vertrieb/PIM
Branchendaten	Öffentliche Register/Studien	Produktbilder und -videos	Vertrieb/PIM
Call-Center-Software	Vertrieb	Produktname	Vertrieb/PIM
Chat	IT	Rabatte	Einkauf/Vertrieb
Conversions	E-Commerce	Re-Targeting	Online-Marketing
CRM	Vertrieb	Retouren	E-Commerce/Vertrieb
DMP	Online-Marketing	Rückgaben und Umtausch	E-Commerce/Vertrieb
E-Mails	IT	Shop-Plattformen	Vertrieb
Empfehlungs-Maschine	Vertrieb	Social-Media-Threads	Social-Media-Plattformen
Google Adword	E-Commerce	Social-Media-Tools	Online-Marketing
Intranet	IT	Software-Nutzung	IT
IP-Locations	E-Commerce	Testberichte	Vertrieb/PIM
Kontaktgründe Service	Kundenservice	Trafic-Quellen	E-Commerce
Kundenart	CRM/Vertrieb	Umsätze	E-Commerce/Vertrieb
Kundenbewertungen	Vertrieb/PIM	Web Analytics	Online-Marketing
Kundenfeedback	Kundenservice	Websites	Internet
Kundenhistorie	CRM/Vertrieb	Zahlungsziele	Einkauf/Vertrieb
Kundenwert (CLV)	CRM/Vertrieb		
Ladezeiten	E-Commerce		
Lieferzeit	E-Commerce/Vertrieb		

Abb. 6.2 Datenquellen intern und extern. (Quelle: Eigene Darstellung)

Fragen Sie Ihre Kollegen in Data-Warehouse, Controlling, IT, Vertrieb, CRM, E-Commerce oder Online-Marketing. Auf dem Weg halten Sie auch die Augen offen nach Data-Mining-Talenten, die Ihnen bei der Qualitätsprüfung unter die Arme greifen können. Datenqualität lässt sich unter anderem über die Semantik von Tabellen und Spalten untersuchen. Viele Daten stehen miteinander in Verbindung, leider oftmals nicht technisch, sondern über viele Mitarbeiter verteilt und nur teilweise im Data-Warehouse abgebildet, für Kennzahlen oder Reportings. Daten einzusammeln ist eine Sisyphusarbeit, wenn Sie mit vielen Einzellösungen voller heterogener Daten konfrontiert sind. Definieren Sie daher harte Filterkriterien, um Datenchaos zu vermeiden. Suchen Sie nur nach nützlichen Datenströmen, statt alles zu sammeln und später zu filtern. Meist sind interne Daten aussagekräftiger als extern zugekaufte. So ist in Bezug auf Kunden- oder Nutzerdaten deren Verhalten in Ihrer Customer Journey deutlich interessanter als sozio-demographische Daten von externen Anbietern. Wo Sie intern jedoch nicht fündig werden, recherchieren Sie mögliche Datenzukauf von Drittparteien. Hochvolumige Datenströme auf Online-Plattformen wie Websites oder Social-Media-Kanälen können über Crawling durchforstet werden, um relevante Informationen zu finden. Aus Ihren online gewonnenen Daten können Sie mit Parsing-Ansätzen systematisch strukturierte Informationen herausziehen. Sollten Sie unstrukturierten Daten wie Texten begegnen, lassen sich mit Text-Mining-Methoden wie „Information Extraction" konkrete Informationen daraus gewinnen wie Schlagworte, Personen- oder Datumsangaben (Gentsch, 2017). Es kann viel Zeit und Ressourcen kosten, Daten aus Online-Foren zu gewinnen oder über Schnittstellen abzufragen, um sie im eigenen System zu speichern. Umstritten ist auch, wie repräsentativ Social-Media-Daten sind, da Nutzer entweder mehrere Konten haben oder ein Konto mehrfach genutzt wird. Hier empfiehlt es sich, Social-Media-Daten mit anderen Quellen zu kombinieren und die Datenauswertungen mehrfach durchzuführen, wenn sich Einflussvariable schnell ändern. Prüfen Sie in jedem Fall genau, wer die Rechte an bestimmten Daten besitzt. Mehr zum rechtlichen Rahmen finden Sie in Kapitel neun (vgl. Abschn. 9.2). Die gute Nachricht zum Ende von Phase 2: Den schwersten Teil haben Sie hinter sich mit der Datenbeschaffung und Zusammenführung. Die Phasen Aufbereitung und Auswertung werden dagegen leichter.

Phase 3: Daten aufbereiten und bereinigen (Data Preparation)
Datenbereinigung ist eine wesentliche Voraussetzung, um Ihren Datensatz auswertbar zu machen und die Qualität zu sichern. Beim Data-Mining wird in der Analysephase nicht mehr jede Transaktion auf Qualität hin geprüft werden können, egal welche Methode zum Einsatz kommt. So könnte es Ihnen passieren, dass Sie Daten aus Ihrem Webshop sammeln, in denen Kunden-Kennzeichnungen doppelt vergeben oder Produkte falsch kategorisiert sind. Damit bringen Sie auch Ihren KI-Algorithmus ins Straucheln. Datenbereinigung (Data-Cleansing) wird Ihre Daten validieren und Ausreißer finden. In dieser Phase werden Inkonsistenzen und Lücken überprüft, fehlerhafte Daten gelöscht oder fehlende Werte interpoliert. Wo zeigen sich versteckte Beziehungen in Daten? Welche Datenquellen sind die hochwertigsten? Welche Tabellenspalten sind für die Analyse die wichtigen: das Ergebnis vor oder nach Retouren, Versand- oder Bestelldatum? Zum Abschluss der Data-Preparation-Phase stehen Sie vor einem finalen Datensatz als Basis für die Modellierung.

Phase 4: Modellierung (Modeling)
Daten zu modellieren bedeutet, sie in einen definierten Kontext und in Beziehung miteinander zu setzen. Je besser die Attribute und Zusammenhänge von Daten eindeutig definiert und spezifiziert werden können, desto leichter kann KI solche Informationen in großer Menge verarbeiten. In der Modellierung können verschiedene daten-getriebene KI-Techniken getestet werden, die die Aufgabe lösen sollen (Otte, 2019). Oft werden die Parameter in dieser Phase in Folge der Tests optimiert und mehrere Modelle erstellt.

Phase 5: Evaluierung (Evaluation)
In der Auswertung (Evaluation) wird untersucht, wie genau die Modelle und ihre beeinflussenden Faktoren sind. Die erstellten Datenmodelle werden mit der Aufgabenstellung verglichen, um festzulegen, welches Modell am besten passt und welche Entscheidungen aus den Ergebnissen abgeleitet werden können. Wenn das Ergebnis nicht ausreicht, wird gegebenenfalls eine neue Schleife eingezogen, um mehr Daten zu sammeln und auszuwerten (Otte, 2019).

Phase 6: Bereitstellung (Deployment)
Die abgeleiteten Ergebnisse werden so aufbereitet, dass sie den Auftraggebern präsentiert werden können, beziehungsweise der Endnutzer direkt damit arbeiten kann (Luber & Litzel, 2019). Oft wird ein Report generiert, zum Teil werden auch komplette Online-Prozesse im Unternehmen installiert. Das gewählte Data-Mining-Modell wird auf neue Daten angewendet.

Die sechs CRISP-DM-Phasen werden nicht streng nacheinander abgearbeitet, sondern in einem laufenden Zyklus mit der Option, vor und zurück zu springen (Otte, 2019). Wenn Sie das Modell anwenden, dann sollten Sie Ihre IT-Kollegen in jeder Phase einbeziehen, manchmal mehr, manchmal weniger. Umso wichtiger ist eine gute Dokumentation in jeder Phase und eindeutige Rollenklärung. Daten-Analysten sollten nicht eigenständig Modelle integrieren, sondern vorab mit den IT-Kollegen die Auswirkungen diskutieren für einen Realitätscheck. IT-Kollegen sollten umgekehrt nicht in den mathematischen Modellen herumfuhrwerken. CRISP-DM diszipliniert dazu, immer nach dem zu lösenden Problem zu fragen und den Geschäftsfall (Business Case) mit klaren Zielen zu beschreiben. In der Praxis zeigen sich fünf wesentliche Herausforderungen bei nicht-datengetriebenen Unternehmen (Morf, 2021):

- Datensätze sind nicht verfügbar oder nicht zugänglich.
- Große Datenmengen sind schwer zu filtern oder kleine Datenmengen nicht repräsentativ.
- Qualitätsmängel in den Daten ziehen die Auswertungen in Zweifel.
- Die Datenlieferkette kann nicht dynamisch mit Echtzeitdaten gefüttert werden.
- Auswertungsergebnisse sind nicht „lesbar".

Sollten Sie ähnlichen Barrieren beggnen, dann nutzen Sie diese Checkliste, bevor Sie achselzuckend aufgeben:

- Zieldefinition überprüfen und gegebenenfalls den Anwendungsfall verkleinern.
- Verschiedene Datenquellen kombinieren für repräsentative Aussagen.

- Datenökosysteme einrichten für Datentausch mit Partnern.
- Frei zugängliche Datenquellen nutzen oder Daten-Händler kontaktieren.
- Datenverarbeitungsschema entwickeln für bessere Filterlogik und Qualitätsprüfung.
- IT-Lösungen entwickeln, um über Schnittstellen Daten leichter zu integrieren.
- Daten verständlich aufbereiten und visualisieren.

Zugegeben, Daten zu sammeln und aufzubereiten ist kleinteilig und langwierig. Auch wenn es Ihnen unsinnig scheint, für ein kleines KI-Projekt den riesigen Datenfriedhof aufzuräumen, es lohnt sich. Für jegliche KI-Initiative der Zukunft schaffen Sie mit dieser Arbeit ein solides Grundverständnis zum datengetriebenen Veränderungspotential. Suchen Sie Mitstreiter im Top-Management, denn Treiber von KI-Projekten können nicht Sie alleine sein. Die Unternehmensziele in der digitalen Transformation müssen die Weichen stellen. Noch wichtiger als ein Chief Digital Officer wäre daher in vielen Unternehmen ein Chief Data-Scientist, der sich grundlegend mit der Analyse und Einbindung von Daten befasst. Erst wenn Ihr Unternehmen diesen Wandel vollzogen hat, können Ihre KI-Samen fruchtbar wachsen.

> **Ihr Transfer in die Praxis**
> - Planen Sie für Daten-Arbeit die meiste Zeit in Ihrem KI-Piloten ein.
> - Sammeln Sie nur, was Sie an Daten für Ihr Ziel benötigen.
> - Entscheiden Sie sich für ein systematisches Phasenmodell in der Datenaggregation und -aufbereitung.
> - Klären Sie die Rollen und Aufgaben Ihrer Datenexperten, damit sich IT und Business-Analysten nicht in die Quere kommen.

Literatur

Dilmegani, C. (2021). Dynamic Pricing Algorithms: Top 3 Models in 2022. aimultiple.com. https://research.aimultiple.com/dynamic-pricing-algorithm/. Zugegriffen: 30. Dez. 2022.

Gentsch, P. (2017). *Künstliche Intelligenz für Sales, Marketing und Service: Mit AI und Bots zu einem Algorithmic Business-Konzepte, Technologien und Best Practices.* Springer Gabler.
Gentemann, L., & Heidkamp, P. (2021). Cloud-Monitor 2021. bitkom-research.de/de. https://www.bitkom-research.de/system/files/document/Bitkom_KPMG_Charts_Cloud%20Monitor%202021_final.pdf. Zugegriffen: 30. Dez. 2022.
Human, S. (2022). Was bedeutet Cloud Computing? industry-of-things.de. https://www.industry-of-things.de/was-bedeutet-cloud-computing-a-1116495/. Zugegriffen: 30. Dez. 2022.
Luber, S., & Litzel, N. (2019). Definition: Was ist CRISP-DM? bigdata-insider.de. https://www.bigdata-insider.de/was-ist-crisp-dm-a-815478/. Zugegriffen: 30. Dez. 2022.
Morf, P. (2021). Die fünf Hürden auf dem Weg zur Data-driven Company. zuehlke.com. https://www.zuehlke.com/de/data-driven-company. Zugegriffen: 30. Dez. 2022.
Otte, R. (2019). *Künstliche Intelligenz für Dummies* (1. Aufl.). Wiley-VCH.

7

Überwachen oder bestärken – Lernverfahren im Vergleich

Was Sie aus diesem Kapitel mitnehmen

- Welche Lernverfahren auf Regeln und Konzepten basieren.
- Wie Sie mit unüberwachtem Lernen verborgene Muster finden.
- Wann Komplexität im neuronalen Netz für Sie zum Bumerang werden kann.
- Welche Anwendung Sie nutzen können, ohne selbst zu programmieren.

Nachdem Sie in Kapitel vier und fünf Ihre Fachkenntnis genutzt haben, um das richtige Pilotprojekt auf Basis konkreter Anwendungsfälle zu identifizieren und in Kapitel sechs zum Datenspezialist in Teilzeit geworden sind, steht nun Lernen auf dem Plan:

- Den richtigen Machine-Learning-Algorithmus auswählen.
- Die passende Software finden.

Auf Entwickler-Plattformen haben Sie inzwischen gelernt, Bots zu konfigurieren und einzubinden. Jetzt können Sie einen Schritt weitergehen und sich selbst an Programmierung und Training wagen. Vorantasten ist gefragt, denn auch in KI-Projekten gilt es zu experimentieren. Suchen Sie in Ihren Prozessen nach Ansatzpunkten, um Ihre ersten Kurzstrecken mit KI-Lösungen zu trainieren, ohne gleich einen Marathon zu planen. Auch auf der Kurzstrecke werden Sie ständig testen und daraus neue Prozesse entwickeln im Zusammenspiel von KI und Mensch, die unter Ihren besonderen, individuellen Bedingungen im Fachbereich am besten funktionieren.

Ähnlich wie im Training mit Menschen, zielt auch KI-Training darauf ab, Erfahrungen zu machen, Muster abzuleiten und uns an veränderte Bedingungen anzupassen. Je nach Komplexität der Künstlichen Intelligenz unterscheiden sich die Trainingsansätze in symbolische und sub-symbolische Verfahren (vgl. Abschn. 1.1). Typisch für symbolische Lernverfahren sind Regeln und Konzepte, die von Menschen gelesen und erfasst werden können. Sub-symbolische Lernverfahren, auch bekannt als Künstlich Neuronale Netze (KNN) sind dagegen weitgehend Blackbox-Systeme, deren Inhalte nicht einfach zu verstehen sind (Gruhn & Franz, 2022). Solch einer Blackbox würden Sie beispielsweise begegnen, wenn Sie Bilderkennung als Pilotprojekt wählen und damit ein komplexes Künstlich Neuronales Netz, das Convolutional Neural Network (CNN). Ein CNN arbeitet mit mindestens drei Arten von Schichten, die sich zum Teil mehrfach wiederholen. Das Netz kann Tierfotos analysieren und zurückmelden, mit welcher prozentualen Wahrscheinlichkeit darauf eine Katze zu sehen ist. Vermutlich haben Sie einen simpleren Anwendungsfall gewählt und können nun im Training auf Algorithmen zurückgreifen, die deutlich einfacher gestrickt sind.

7.1 Schokoriegel mit Bier – symbolische Lernverfahren

Maschinelles Lernen kann mit symbolischen Lernverfahren Wissen induktiv erzeugen, wenn der Algorithmus seine Umgebung beobachtet, in Form einer großen Menge an Trainingsdaten, und daraus Regeln entwickelt. Wissen wird empirisch gewonnen über die Kausalkette „von Daten zu Wissen". So entstehen beispielsweise

Übersetzungs-Algorithmen, wenn eine KI-Software mit ausreichend Übersetzungsbeispielen trainiert wird. Die Software erkennt, welche Muster zugrunde liegen und kann kontextuelle Informationen mit berücksichtigen, bis ein erfolgreicher Algorithmus entstanden ist (Schmid, 2021). Deduktives Wissen entsteht durch logische Schlussfolgerungen, wenn der Algorithmus aus bekannten Annahmen, die er als wahr definiert, auf neues Wissen schließt. Sofern die Annahmen wirklich stimmen und auch die Ableitungsregeln zutreffend sind, dann muss auch das neue Wissen wahr sein. Die Kombination von induktiven und deduktiven Verfahren wird Cognitive Computing genannt und von komplexen KI-Systemen wie IBM Watson angewendet (Otte, 2019). Bekannte symbolische Lernverfahren sind Entscheidungsbäume und Assoziationsregeln.

Entscheidungsbäume
Entscheidungsbäume werden von oben nach unten entwickelt. Angenommen, Sie wollen im Marketing für den stationären Einzelhandel die ideale Kombination von Werbemaßnahmen berechnen, um Ihr Produkt besser zu verkaufen. Ausgehend von Ihrem Zielmerkmal Y (Marketingkampagne) entwickeln Sie einen Entscheidungsbaum, der alle relevanten Informationen in der Baumstruktur von oben nach unten verknüpft: Produktpreis, Ergebnisse von Promotions, Einsatz von Promotionteams vor Ort, Einsatz von Displays am Point of Sale (POS), Umsatz in der Aktion und so weiter. Vielleicht finden Sie so heraus, dass jede Promotionsaktion Ihren Abverkauf im Geschäft um 20 % steigern kann. Vielleicht erkennen Sie auch, dass Aktionen mit einem um fünf Cent reduzierten Preis im Abverkauf um 30 % höher liegen. Vielleicht zeigt Ihnen der Baum zudem, falls Sie den Preis steigern, ob Sie ein Display am Eingang der Filiale platzieren sollten, um den Abverkauf hoch zu halten (Otte, 2019).

Assoziationsregeln
Assoziationsregeln sind starke Regeln, die Zusammenhänge (Korrelationen) zwischen Elementen beschreiben. Solche Beziehungen sind vor allem aus der Warenkorbanalyse bekannt, um herauszufinden, welche Produkte häufig zusammengekauft werden. So entstehen

Verbindungen wie, „wer Freitagabend Windeln kauft, der kauft auch Erdnüsse". Marketing Manager messen beispielsweise in einem Supermarkt eine Woche lang, wie oft mehrere Produkte gemeinsam gekauft werden. Wie häufig wurden Schokoriegel gemeinsam mit Bier gekauft? Das Ergebnis ist ein Konfidenz-Wert in Prozent als bedingte Wahrscheinlichkeit. Liegt der Konfidenzwert bei zehn Prozent, dann haben Schokoriegel-Käufer in zehn Prozent der Fälle auch Bier gekauft (Manhart, 2011). Interessant sind auch sogenannte Lift-Werte für die Hebelwirkung, die beispielsweise Auskunft darüber geben, wie viel häufiger als der Durchschnittskunde ein Bierkäufer auch Schokoriegel gekauft hat.

7.2 Katzen oder Marder – sub-symbolische Lernverfahren

Neuronale Lernverfahren werden untergliedert in überwachte, unüberwachte und bestärkende Lernverfahren. Alle drei Verfahren folgen speziellen mathematischen Lernregeln.

Supervised Learning (Überwachtes Lernen)
Algorithmen, die mit Supervised Learning arbeiten, werden nicht nur mit Inputs, sondern auch mit Outputs gefüttert. Sie könnten mit Supervised Learning einen Algorithmus beispielsweise darauf trainieren, den richtigen Moment im Kundenkontakt zu finden, um ein Zusatzprodukt anzubieten. Im Training benötigen Sie dafür die Daten von tausenden solcher Aktionen der Vergangenheit (Input) und die Reaktionen der Kunden (Output). Der Algorithmus wird rückwärts lernen und über Regression die Korrelationen finden, wann bestimmte Kombinationen von Input-Variablen zum gewünschten Output führen und der Kunde das angebotene Zusatzprodukt kauft. Alle Trainings- und Testdaten werden vom Trainingsteam vorab geprüft und bewertet. Dem Algorithmus werden dann nur klassifizierte und sortierte Daten präsentiert. Er lernt daraus die Zusammenhänge zwischen Input und Output, um Regeln abzuleiten. Diese Regeln helfen ihm, zukünftige

Ereignisse allein anhand neuer Input-Daten vorauszusagen. Das funktioniert auch, wenn mehr als eine Output-Variable (Yi) in Frage kommt. Solche Algorithmen werden häufig zur Klassifizierung von Fällen oder Objekten verwendet, die bereits existierenden oder bekannten Klassen zugeordnet werden sollen. Eine bekannte Ausprägung davon ist Computer Vision, die Fähigkeit von KI-Lösungen, visuelle Objekte zu erkennen und richtig zuzuordnen wie beim eingangs genannten Katzenbeispiel. Computer Vision als Bilderkennungsprogramm lernt, Katzen von Mardern zu unterscheiden oder PKWs bestimmten Modell-Klassen zuzuordnen. Im Training werden dafür alle verwendeten Fotos vorab vom Trainer korrekt gekennzeichnet, damit der Algorithmus prüfen kann, ob er falsch oder richtig liegt und seine Regeln darauf anpasst. Der Algorithmus im Beispiel PKW-Klassen untersucht dann alle Fotos auf Korrelationen, die Zusammenhänge zwischen dem PKW-Modell und sichtbaren Merkmalen (Formen, Farben, Größen) aufzeigen. Ein trainiertes Modell in Computer Vision wird später Wahrscheinlichkeiten angeben: „Auf diesem Foto ist mit 95-%iger Wahrscheinlichkeit ein VW Tuareg zu sehen". Ein Supervised Deep-Learning-Algorithmus benötigt für die Bilder-Klassifizierung etwa 5000 gekennzeichnete Beispiele pro Kategorie und einen Trainingsdatensatz von mindestens zehn Millionen gelabelten Beispielen (Gentsch, 2017).

Unsupervised Learning (Unüberwachtes Lernen)
Algorithmen, die mit Unsupervised Learning arbeiten, kommen ohne vorgegebene Output-Variablen zurecht. Im Training werden Eingabedaten ohne Markierungen oder Trainingsziel genutzt. Der Algorithmus soll die Strukturen und Gesetzmäßigkeiten auf eigene Faust finden. Im Falle von Bilderkennung würden die Fotos von Katzen oder Autos nicht mit den korrekten Bezeichnungen markiert. Den Trainern erleichtert das die Arbeit enorm, da sie die Daten vorab nicht zuordnen oder klassifizieren müssen. Solche Verfahren eignen sich gut, um Informationen zu clustern und neue Gruppen zu bilden anhand von Gemeinsamkeiten, Unterschieden oder Anomalitäten. Der Algorithmus entscheidet selbst, welche Gruppen (Cluster) er bildet. Trainer können ihm vorgeben, wie viele verschiedene Cluster entstehen sollen.

Typische Anwendungsfälle kommen aus der Marktforschung, wenn Unternehmen beispielsweise ihre Kunden anhand von soziodemographischen Daten wie Wohnort, Familienstand, Alter, Geschlecht, Beruf oder Kaufverhalten in Cluster sortieren wollen. Solche Kundensegmente erleichtern im Marketing und Vertrieb die gezieltere Produktentwicklung und -vermarktung. Unsupervised Learning wird auch dort angewandt, wo es um das Auffinden verborgener Strukturen und Anomalien geht, zum Beispiel, um Messfehler aufzudecken (Stimac, 2018).

Reinforcement Learning (Bestärkendes Lernen)
Algorithmen der Kategorie Reinforcement Learning lernen in komplexen Anwendungsfällen selbstständig über Belohnung und Bestrafung im Training. Zielführendes Verhalten wird belohnt und unerwünschte Aktionen (nicht zielführend, nicht compliant etc.) werden bestraft. Der Algorithmus versucht, Belohnungen zu maximieren und Bestrafung zu vermeiden. Im Gegensatz zum überwachten Lernen gibt es hier weniger Trainingsimpulse, da nicht nach jedem Trainingsbeispiel ein Feedback zu erwarten ist. Reinforcement Learning eignet sich gut für komplexe Anwendungsfälle. In wenigen Sekunden kann ein Algorithmus mit Reinforcement Learning beispielsweise das Geschicklichkeitsspiel Pong lernen. Beide Spieler versuchen, den Ball am Schläger des Gegners vorbeizubringen durch Aufwärts- oder Abwärtsbewegung. Strafpunkte werden gesammelt, wenn der Ball den gegnerischen oder eigenen Schläger passiert (Pingel, 2021). Das neuronale Netz testet Spielzüge, lernt aus Fehlern und findet selbst seinen optimalen Lösungsweg. Der Algorithmus lernt durch unzählige Schleifen, in denen er erfolgreich getestete Verhaltensweisen miteinander kombiniert und schrittweise neue Verhaltensmuster versucht. Muster, für die er belohnt wurde, wird er häufiger ausprobieren und Muster, die zu einer Bestrafung führen, deutlich seltener testen. So kommt er dem Ideal Schritt für Schritt näher. Reinforcement Learning wird gerne für Minimierung- und Maximierungsaufgaben verwendet oder bei Lernprozessen, die auf verändernde Umwelteinflüsse reagieren sollen (Stimac, 2018).

> **Definition Künstlich Neuronale Netze**
>
> „Künstlich Neuronale Netze" arbeiten mit vielen Schichten von „Knoten", sogenannten künstlichen Neuronen. Beim Lernen verändern die Netze alle Informationen (Zahlenwerte) an den Verbindungen zwischen den Knoten so lange, bis die Ergebnisse gut genug sind. In ihren inneren Schichten entwickeln die Netze aus den Rohdaten selbstständig kompakte Darstellungen, wodurch viele Vorverarbeitungsprogramme überflüssig werden und die eigentliche Aufgabe leichter lernbar wird (Steininger, 2021). Das vom KNN entwickelte Modell, und damit die automatisch erworbene Wissensrepräsentation, kann anschließend auf neue, potentiell unbekannte Daten derselben Art angewendet werden.

Reinforcement Learning am Beispiel Empfehlungssystem im Webshop

Kaum ein großer Onlineshop arbeitet heute noch ohne Empfehlungsmaschinen (Recommendation-Engine). Typisch sind Empfehlungen à la Amazon („Kunden, die dieses Produkt kaufen, kauften auch…"), persönliche Produktempfehlungen auf Basis des Kaufverhaltens oder die Empfehlung anderer Kategorien oder Kataloge. Die nachfolgende Abbildung (Abb. 7.1) zeigt am Beispiel eines Kopfhörers die Amazon-Empfehlungen von Zusatzprodukten und Produktalternativen.

Die meisten dieser Ansätze arbeiten in der Datenanalyse mit Warenkorb- und Clusterverfahren. Sie analysieren das Nutzerverhalten und empfehlen dann Produkte, die andere Nutzer mit vergleichbaren Profilen ausgewählt haben. Einen Schritt weiter gehen Lösungen, die langfristig denken und werthaltige Empfehlungen aussprechen. Sie durchdenken alle möglichen Folgeaktionen und empfehlen möglicherweise ein weniger profitables Produkt, wenn der Kunde durch diese Erfahrung im Anschluss wahrscheinlich zu profitablen Folgeprodukten greifen wird. Es geht nicht mehr darum, das historische Verhalten der Kunden zu analysieren, sondern deren Wechselwirkungen mit Empfehlungen zu optimieren. Trainiert werden solche Empfehlungsmaschinen mit Reinforcement Learning. Der Trainer definiert jeden Zustand der Kundeninteraktion als Event, von der Produktansicht im Webshop bis zum Anruf im Call-Center. Zu jedem Event werden alle möglichen Aktionen gesammelt (Produkte, Preise, Kanäle etc.). Ziel

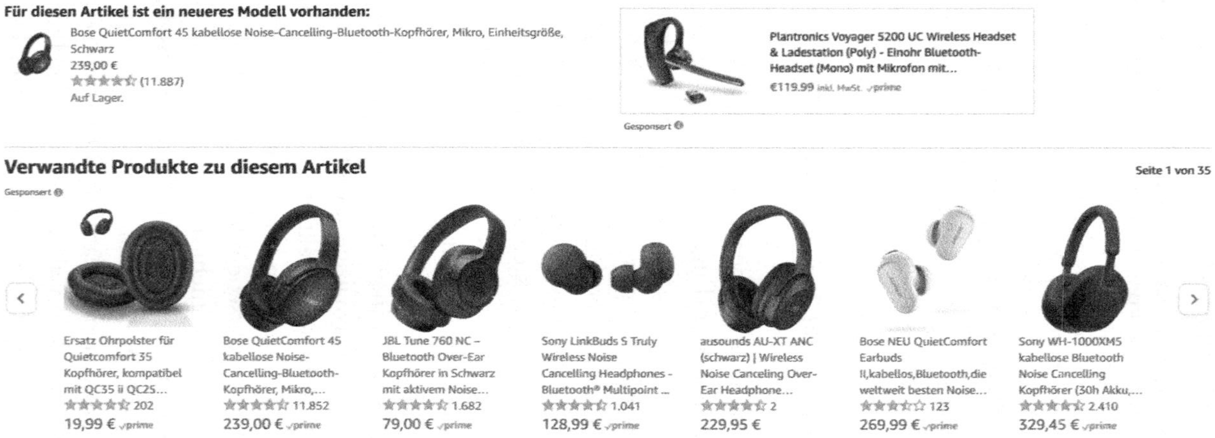

Für diesen Artikel ist ein neueres Modell vorhanden:

Bose QuietComfort 45 kabellose Noise-Cancelling-Bluetooth-Kopfhörer, Mikro, Einheitsgröße, Schwarz
239,00 €
★★★★☆ (11.887)
Auf Lager.

Plantronics Voyager 5200 UC Wireless Headset & Ladestation (Poly) - Einohr Bluetooth-Headset (Mono) mit Mikrofon mit...
€119,99 inkl. MwSt. ✓prime

Gesponsert

Verwandte Produkte zu diesem Artikel

Seite 1 von 35

Ersatz Ohrpolster für Quietcomfort 35 Kopfhörer, kompatibel mit QC35 ii QC25...
★★★★☆ 202
19,99 € ✓prime

Bose QuietComfort 45 kabellose Noise-Cancelling-Bluetooth-Kopfhörer, Mikro,...
★★★★☆ 11.852
239,00 € ✓prime

JBL Tune 760 NC – Bluetooth Over-Ear Kopfhörer in Schwarz mit aktivem Noise...
★★★★☆ 1.682
79,00 € ✓prime

Sony LinkBuds S Truly Wireless Noise Cancelling Headphones – Bluetooth® Multipoint...
★★★★☆ 1.041
128,99 € ✓prime

ausounds AU-XT ANC (schwarz) | Wireless Noise Cancelling Over-Ear Headphone...
★★★★★ 2
229,95 €

Bose NEU QuietComfort Earbuds II, kabellos, Bluetooth, die weltweit besten Noise...
★★★☆☆ 123
269,99 € ✓prime

Sony WH-1000XM5 kabellose Bluetooth Noise Cancelling Kopfhörer (30h Akku,...
★★★★☆ 2.410
329,45 € ✓prime

Abb. 7.1 Empfehlungssystem im Amazon-Webshop. (Quelle: Amazon, 2022)

für den Algorithmus ist, die richtige zu unterbreitende Empfehlung zu finden, um das Ergebnis im Sinne von Umsatz, Marge oder Kundenwert zu maximieren. Im trainierten Zustand kann der Algorithmus den Wert des Kunden über die gesamte Customer-Journey steigern, statt nur Produkte im Webshop zu empfehlen (Grünwald, 2020).

7.3 Von Bäumen und Netzen – Lernverfahren auswählen

Wie finden Sie nun heraus, welches Lernverfahren für Sie geeignet ist? Für viele kommerzielle Anwendungen genügen Expertensysteme mit manueller Wissenseingabe oder Programmierung des Lösungsweges wie Entscheidungsbäume oder Regressionsanalysen. Erst bei komplexeren Aufgaben sind Künstlich Neuronale Netze unumgänglich. Kaggle, eine Plattform für Machine-Learning-Wettbewerbe, hat im Jahr 2021 über 25.000 Datenwissenschaftler zu ihren bevorzugten Methoden befragt (Kaggle, 2021). Auf Platz eins wurden logistische Regressionen genannt, gefolgt von Entscheidungsbäumen. Neuronale Netze folgten auf Platz vier.

Immer wenn Ihre Aufgabenstellung zu kompliziert ist, um sie analytisch zu beschreiben, aber ausreichend viele Trainingsdaten vorhanden sind (Bilder, Texte o. ä.), dann bietet sich maschinelles Lernen an. Folgende Herausforderungen sollten Sie beim maschinellen Lernen beachten:

- **Datenmengen:** Denken Sie daran, dass Ihre Algorithmen großen Datenhunger mitbringen. Je mehr Trainingsdaten Ihr Lernalgorithmus bekommt, desto leichter wird er sein Modell verbessern und seine Fehlerquote reduzieren.
- **Allgemeingültigkeit:** Neben der Herausforderung, große Datenmengen zu beschaffen, ist es auch eine Kunst, das Modell so allgemein zu halten, dass es auch auf neue Daten, die nicht im Training vorkamen, adäquat reagiert (Döbel et al., 2018).

- **Datenqualität:** Sie brauchen nicht nur ausreichend viele Trainingsdaten, sondern auch ausreichend gute Qualität. Wenn Beispiele fehlerhaft sind oder nicht repräsentativ, dann wird der Algorithmus ungenügende Antworten lernen. Der Spruch „Shit In Shit Out" gilt auch hier: Wer falsche oder unvollständige Daten füttert, erhält auch von einer KI in der Auswertung keine guten Ergebnisse. Aus dem vermeintlichen Orakel von Delphi wird eher ein esoterisches Channel-Medium unter Drogen.
- **Komplexität:** Neuronale Netze klingen für viele Anwender verheißungsvoll, da sie weiterentwickelt sind als Expertensysteme. Die Komplexität kann zum Bumerang werden, wenn Ihre Ergebnisse nicht mehr nachvollziehbar sind und damit schwer intern zu erklären. Entscheidungsbäume lassen sich viel leichter interpretieren als tiefe neuronale Netze.

Wenn Sie aus historischen Daten mögliche künftige Ereignisse ableiten wollen, wie das Filtern von Spam-Emails oder die Erkennung von Sprache und Text, dann können Sie gut mit Supervised Learning arbeiten. Der Nachteil ist ein hoher Aufwand für die manuelle Datenaufbereitung. Denken Sie an ausreichend Ressourcen im Team, um alle Trainingsbeispiele zu kennzeichnen. Wenn Sie Cluster suchen und Muster, ohne eigene Schubladen und Vorgaben, dann könnte Unsupervised Learning ein passender Ansatz sein. Vielleicht wollen Sie das Kaufverhalten Ihrer Kunden segmentieren, ohne mit gegebenen festen Kundensegmenten zu arbeiten. Sie sparen sich den Aufwand für die Kennzeichnung der historischen Daten (Labeling). Der Algorithmus kommt mit Ihren Rohdaten klar und muss selbst grundlegende Muster finden. Nachteil: Sein Hunger wächst. Haben Sie nicht genug Trainingsdaten, wird es dem Algorithmus nicht gelingen, Gruppen von Datenobjekten mit ähnlichen Eigenschaften zu clustern. Wenn Sie ohne große Datenmengen arbeiten müssen und über Versuch und Irrtum neue Lösungen finden wollen, dann wird Ihnen Reinforcement Learning helfen. Ihr Algorithmus wird sich anfangs begeistert austoben und Sie können sich darauf zurückziehen, ihm ein paar Regeln an die Hand zu geben. Ins Schwitzen kommen Sie erst später, wenn der

7 Überwachen oder bestärken – Lernverfahren im Vergleich

Vorstand fragt, wie sich die Empfehlung Ihrer KI herleiten lässt, dann begegnet Ihnen das oben genannte Komplexitätsproblem.

Heute gibt es eine Vielzahl von Lernverfahren, die jeweils für unterschiedliche Aufgaben besonders gut geeignet sind. Bekannte Verfahren sind beispielhaft in Abb. 7.2 zusammengestellt. Vertiefende Literatur finden Sie unter anderem in den Big Data Publikationen des Fraunhofer Instituts.

Am Beispiel einer Regressionsanalyse lässt sich verdeutlichen, worauf es in der Auswahl der Methode ankommt: Fred, Vertriebsmanager im E-Commerce-Unternehmen Feuerstein möchte seinen Service besser mit dem Vertrieb vernetzen und führt ein Next-Best-Action Empfehlungstool ein. Freds Ziel ist, im direkten Kundenkontakt zu empfehlen, welchen Kunden ein Mitarbeiter das Zusatzprodukt aus der laufenden Vertriebskampagne anbieten soll. Die Empfehlung hängt von vielen Input-Variablen ab: Wie lange ist der Kunde schon bei Feuerstein aktiv? Was hat er in der Vergangenheit gekauft? Wie hat er die Einkäufe bewertet? Was hat er zurückgesendet? Wie hat er auf vergangene Vertriebsaktionen reagiert? Diese Input-Variablen werden als X1, X2, X3, Xn definiert. Es gibt daneben eine Output-Variable Y: die Empfehlung „anbieten" oder „nicht anbieten". Fred weiß, je mehr Daten er im Training nutzt und je besser deren Qualität ist,

LERNSTIL	LERNAUFGABE	MODEL
Supervised Learning	Regression	Regressionsanalyse Regressionsbaum
Supervised Learning	Klassifikation	Trennlinie Entscheidungsbaum
Unsupervised Learning	Clustering	Clustermittelpunkte
Unsupervised Learning	Dimensionsreduktion	Zusammengesetzte Merkmale
Reinforcement Learning	Sequentielles Entscheiden	Strategien
Reinforcement Learning	Verschiedene	Künstlich Neuronale Netze

Abb. 7.2 Gängige KI-Lernverfahren. (Quelle: Döbel et al., 2018, S. 11)

desto besser wird seine KI lernen, Empfehlungen auszusprechen. So hat er von 100.000 Kunden die Input-Variablen besorgt, zusammen mit deren Reaktion auf das aktuelle Vertriebsangebot (Empfehlung), da diese Kunden bereits proaktiv angesprochen wurden. Von diesen Datensätzen wählt Fred 75 %, um die Maschine zu trainieren und behält 25 % zurück zum Testen. Mit einer linearen Regression lässt er seinen Machine-Learning-Algorithmus nach Korrelationen zwischen den Input-Variablen (Kunden-Historie) und der Output-Variablen (Empfehlungserfolg) suchen. In der Testphase füttert Fred das trainierte Modell mit den verbleibenden Testfällen und verwendet hier ausschließlich die Input-Daten. Der Algorithmus soll nun selbstständig einschätzen, wie die Feuerstein-Kunden auf die Empfehlung (Output) reagiert haben. Anschließenden vergleicht er seine Ergebnisse mit den realen Reaktionen dieser Kunden und berechnet so den Korrelationskoeffizient, auch genannt Score oder Bestimmtheitsmaß. Fred ist enttäuscht: Die Ergebnisse seines trainierten Modells sind zu weit weg von der Realität! Er fragt einen Datenwissenschaftler um Rat und bekommt drei mögliche Ursachen genannt, von denen die erste zutrifft:

- Die Datenqualität war zu schlecht, weil das CRM-System von Feuerstein schlecht gepflegt ist.
- Freds Datenmenge war zu gering, um valide Muster zu erkennen.
- Die lineare Regression passt nicht auf seinen Fall, weil möglicherweise die Korrelation zwischen Kundenhistorie und Empfehlung nicht linear ist.

Das Beispiel gibt Hinweise auf zwei wichtige Prüfkriterien in Ihrem Unternehmen: Datenmenge, Datenqualität. Vielleicht wissen Sie auch schon etwas über die Korrelation in Ihrem Anwendungsfall (linear, logarithmisch etc.). Sie können im Training verschiedene Algorithmen testen wie beispielsweise Entscheidungsbäume, um den zu finden, der im Kosten-Nutzen-Vergleich genau genug ist und im Kostenrahmen bleibt. So kann der Algorithmus mit der höchsten Treffergenauigkeit zu langsam sein, was Ihr Training unnötig verlängern würde oder die Kosten für zusätzliche Rechenleistung nach oben treiben. Entscheidend ist bei jedem Verfahren, wie gut es Ihnen gelingt, menschliches Wissen in den Datensatz zu übertragen und vom Datensatz in den Algorithmus. Vorhersagen treffen Algorithmen erst auf Basis intensiven Trainings. Zum Start weiß der Algorithmus nichts. Gefüttert mit beschrifteten Datensätzen, Rohdaten oder Regeln wird er beginnen, Antworten zu raten. Sie werden ihm unterwegs Rückmeldungen geben, damit er aus Fehlern lernen kann und seine Trefferquote verbessert. Wenn Sie nicht die richtigen Daten sammeln oder sie nicht korrekt bezeichnen, wird Ihr Algorithmus nicht lernen können, saubere Vorhersagen zu treffen. Fred hat verstanden, dass seine Hausaufgabe Datenqualität lautet und konzentriert sich zunächst darauf, die Kundendaten im CRM-System zu bereinigen und auf Vordermann zu bringen.

7.4 Open-Source und Public Cloud – die passende Anwendung finden

Machine-Learning-Software können Sie nicht als Standalone-Lösung betrachten. Sie lebt von Daten und muss daher mit Ihren Datenquellen vernetzt werden für alle Input-Informationen. Im Anschluss wollen Sie schließlich mit den Vorhersagen Ihres Modells im Tagesgeschäft arbeiten. Der Output eines Algorithmus kommt nicht automatisch in verdaubarer Form, sondern muss mit Ihrer Reportinglogik beziehungsweise Ihrer grafischen Benutzeroberfläche integriert werden. In der Zwischenzeit gibt es neben Anwendungen aus der Forschung viele Modelle für verstehbar visualisierte Business-Anwendungen, von freien Open-Source-Projekten bis zu kostenpflichtigen Public-Cloud-Anbietern. Daneben versuchen Hard- und Softwareanbieter ihre Lösungen für die proprietären Datenzentren von Unternehmen zu verkaufen. Im Abwägen solcher On-Premise-Lösungen gegenüber Cloud-Anbietern tendieren viele Entscheider aus der Fachabteilung zur Cloud, oft allein wegen umständlicher Genehmigungs- und Beschaffungsprozesse in IT oder Einkauf. Im Vergleich der Gesamtkosten (Total Cost of Ownership) von Cloud mit On-Premise zeigt sich kein eindeutiges Bild, da auch Cloud-Services teuer werden können, wenn beispielsweise nach Trainingseinheiten abgerechnet wird (Schweizer, 2022).

Sprechen Sie mit Ihren IT-Kollegen und achten Sie bei der Auswahl der Lernwerkzeuge darauf, dass die Technologie nicht nur Produktivität im Training maximiert, sondern auch benutzerfreundlich für Ihre Mitarbeiter ist und stabil in der Produktionsbereitstellung. Orientieren Sie sich daran, wie viele KI-Kenntnisse in Ihrer IT-Abteilung vorhanden sind. Wer auf die Erfahrungen von Software-Riesen zurückgreift, um eigene Anwendungen mit KI aufzurüsten, der braucht weniger eigenes KI-Know-how. Bekannte Open-Source-Lösungen arbeiten mit den populärsten Entwicklungsumgebungen und Programmiersprachen. Die nachfolgende Übersicht (Abb. 7.3) zeigt eine Auswahl bekannter KI-Software-Lösungen zur Orientierung.

Auch jenseits der großen Namen finden sich interessante Partner mit teilweise deutschen Wurzeln. So erschienen im jährlichen Ranking von Gartner, einem führenden Forschungsunternehmen, 2021 folgende Anbieter auf den ersten Plätzen im magischen Quadranten für KI-Anbieter (Udayakumar, 2021): IBM, Dataiku, Databricks, MathWorks, SAS und TIBCO Software. Im magischen Quadranten sind aus Sicht von Gartner große KI-Unternehmen mit hoher Sichtbarkeit und vielen Kunden beziehungsweise Nutzern, die den KI-Markt aktiv vorantreiben, darunter zwei bekannte Namen (Udayakumar, 2021):

- **SAS:** Software Suite, entwickelt in Kalifornien für die Analyse riesiger Datenmengen. Wird häufig in Konzernen eingesetzt.
- **TIBCO:** Kalifornisches Softwareunternehmen für Vernetzung und Integration von Applikationen und Systemen in Unternehmen.

Es mangelt heute nicht an Auswahl möglicher Werkzeuge und Baukästen. Wer dennoch nicht selbst programmieren und nicht tiefer in die technischen Details einsteigen will, der findet bei TensorFlow, dem KI-Tool von Google, einen einfachen Spielplatz. TensorFlow wurde von Google zunächst für den internen Bedarf entwickelt und bietet inzwischen einen Rahmen für KI-Programmierung an. TensorFlow wird heute in Google-Produkten für Spracherkennung, E-Mail-Dienste, Fotos und Suche verwendet. So werden beispielsweise die Satellitenfotos im Kartendienst Maps durch TensorFlow analysiert und verbessert. Wer AHAs erleben möchte, der findet auf playground.tensorflow.org beein-

KI-TOOL	FUNKTION	BESTE EIGENSCHAFT	PREIS
Google Cloud Machine Learning Engine	Maschinelles Lernen	Trainiert das Modell auf Ihre Daten, einsetzen, sie können es verwalten	Pro Stunde, pro Trainingseinheit Kosten: 0,54 Dollar
Azure Machine Learning Studio	Maschinelles Lernen	Modell wird als Webdienst bereitgestellt	Kostenlos
TensorFlow	Maschinelles Lernen	Für Anfänger bis zum Experten	Kostenlos
H2O AI	Maschinelles Lernen	AutoML-Funktionalität enthalten	Kostenlos
Cortana	Virtueller Assistent	Kann so viele Aufgaben erledigen, von der Einstellung, von Erinnerungen bis zum Einschalten des Lichts	Kostenlos
IBM Watson	Frage-Antwort-System	Lernt viel aus kleinen Daten	Kostenlos
Salesforce Einstein	CRM System	Keine Notwendigkeit, Modelle und Datenvorbereitung zu verwalten	Preis auf Anfrage
Infosys Nia	Maschinelles Lernen Chatbot	Bietet drei Komponenten, d. h. Datenplattform, Knowledge-Plattform und Automatisierungsplattform	Preis auf Anfrage
Amazon Alexa	Virtueller Assistent	Kann mit Geräten wie Kamera, Beleuchtung und Unterhaltungssystemen verbunden werden	Kostenlos mit einigen Amazon-Geräten oder -Diensten
Google Assistant	Virtueller Assistent	Unterstützt die Gesprächsführung	Kostenlos

Abb. 7.3 Bekannte KI-Software-Tools. (Quelle: In Anlehnung an Software-Testing-Help, 2022)

druckende Demonstrationen von Trainingssimulationen (TensorFlow, 2022).

Ihr Transfer in die Praxis
- Reflektieren Sie kritisch, wo Ihnen Expertensysteme genügen und wann neuronale Netze wirklich nötig sind.
- Prüfen Sie vorab, ob Sie ausreichend Trainingsdaten für Supervised- und Unsupervised Learning bekommen.
- Klären Sie im Reinforcement Learning, wie Sie die Ergebnisse aus der Blackbox später erklären können.
- Nutzen Sie Frameworks und Entwicklerbaukästen von großen Anbietern für die ersten Schritte.

Literatur

Amazon. (2022). Bose QuietComfort 35 Wireless Kopfhörer II (mit Amazon Alexa), schwarz. amazon.de. https://www.amazon.de/Bose-QuietComfort-Wireless-Kopfh%C3%B6rer-Standard-Schwarz/dp/B0756CYWWD/ref=sr_1_2?__mk_de_DE=%C3%85M%C3%85%C5%BD%C3%95%C3%91&keywords=kopfh%C3%B6rer+bose&qid=1571390028&sr=8-2. Zugegriffen: 30. Dez. 2022.

Döbel, I., Leis, M., Vogelsang, M., Neustroev, D., Petzka, H., Riemer, A., Rüping, S., Voss, A., Wegele, M., & Welz, J. (2018). Maschinelles lernen: Eine analyse zu kompetenzen, forschung und anwendung. Fraunhofer-Gesellschaft zur Förderung der angewandten Forschung e. V. Fraunhofer.de. https://www.bigdata.fraunhofer.de/content/dam/bigdata/de/documents/Publikationen/Fraunhofer_Studie_ML_201809.pdf. Zugegriffen: 30. Dez. 2022.

Gentsch, P. (2017). *Künstliche Intelligenz für Sales, Marketing und Service: Mit AI und Bots zu einem Algorithmic Business-Konzepte, Technologien und Best Practices.* Springer Gabler.

Grünwald Dr., R. (2020). Warenkorbanalyse in der Praxis: Wie Data Mining mit der Warenkorbanalyse zur Umsatzsteigerung beitragen kann. novustat.com. https://novustat.com/statistik-blog/warenkorbanalyse-data-mining.html. Zugegriffen: 30. Dez. 2022.

Gruhn, V., & Franz, T. (2022). Es gibt nicht die eine künstliche Intelligenz. Computerwoche.de. https://www.computerwoche.de/a/es-gibt-nicht-die-eine-kuenstliche-intelligenz,3545708. Zugegriffen: 30. Dez. 2022.

Kaggle. (2021). State of Machine Learning and Data Science 2021. Kaggle.com. https://storage.googleapis.com/kaggle-media/surveys/Kaggle's%20State%20of%20Machine%20Learning%20and%20Data%20Science%202021.pdf. Zugegriffen: 30. Dez. 2022.

Manhart, K. (2011). Data mining methoden. PC-Magazin.de. https://www.pc-magazin.de/ratgeber/data-mining-methoden-1039282-7472.html. Zugegriffen: 30. Dez. 2022.

Otte, R. (2019). *Künstliche Intelligenz für Dummies* (1. Aufl.). Wiley.

Pingel, J. (2021). Playing Pong using Reinforcement Learning. mathworks.com. https://blogs.mathworks.com/deep-learning/2021/03/12/playing-pong-using-reinforcement-learning/. Zugegriffen: 30. Dez. 2022.

Schmid Prof. Dr., U. (2021). Maschinelles Lernen. bidt.digital. https://www.bidt.digital/glossar-maschinelles-lernen/. Zugegriffen: 30. Dez. 2022.

Schweizer, S. (2022). Kosten-Nutzen-Vergleich. computerwoche.de. https://www.computerwoche.de/a/kosten-nutzen-vergleich,3552488. Zugegriffen: 30. Dez. 2022.

Software-Testing-Help. (2022). 10 best artificial intelligence software (AI software reviews in 2022). softwaretestinghelp.com. https://www.softwaretestinghelp.com/artificial-intelligence-software/. Zugegriffen: 30. Dez. 2022.

Steininger, T. (2021). Maschinelles Lernen – vom Gehirn inspiriert. computerwoche.de. https://www.computerwoche.de/a/maschinelles-lernen-vom-gehirn-inspiriert,3551313. Zugegriffen: 30. Dez. 2022.

Stimac, M. (2018). Wie Computer lernen. Golem.de. https://www.golem.de/news/kuenstliche-intelligenz-wie-computer-lernen-1810-135633-4.html. Zugegriffen: 30. Dez. 2022.

TensorFlow. (2022). Tinker with a neural network right here in your browser. Don't worry, you can't break it. We promise. TensorFlow.org. https://playground.tensorflow.org/. Zugegriffen: 30. Dez. 2022.

Udayakumar, R. (2021). IBM is named a Leader in the Gartner 2021 Magic Quadrant for Data Science and Machine Learning Platforms. ibm.com. https://www.ibm.com/blogs/journey-to-ai/2021/03/ibm-is-named-a-leader-2021-magic-quadrant-for-data-science-and-machine-learning-platforms/. Zugegriffen: 30. Dez. 2022.

8
Trainingskultur mit Lauschangriff – Bots und Sprach-Skills entwickeln

> **Was Sie aus diesem Kapitel mitnehmen**
>
> - Warum KI-Trainer die besseren Psychologen sein sollten.
> - Welche Fettnäpfchen es im Roll-out zu vermeiden gilt.
> - Wie Sie die 70/30-Regel beim ersten Chatbot anwenden.
> - Warum Ihr erster Sprach-Skill Floskeln beherrschen muss.

Sie wissen inzwischen, welche Lernverfahren für Ihren Fall geeignet sind und mit welchen Entwickler-Baukästen oder Plattformen Sie loslegen wollen. Mit dem richtigen Trainings-Team stürzen Sie sich nun in die Entwicklung. Auf dem Weg werden Sie auch herausfinden, wo es Parallelen zwischen KI-Training und Kindererziehung gibt.

8.1 Eierlegende IT-Psychologen im Trainingsteam

Zermartern Sie sich inzwischen schon den Kopf, wer in Ihrem Team ausreichend Datenverständnis oder IT-Skills hat, um eine KI zu trainieren? Suchen Sie idealerweise nicht nur nach IT-Nerds, denn Trainer sind im besten Fall nicht nur Datenfreunde, sie sind auch Psychologen. Typische Aufgaben im Training sind:

- Relevante Daten und Datenströme erkennen.
- Daten säubern für hochwertige Trainingsdatensätze.
- Informationen verschlagworten (Supervised Learning).
- Entscheidungsfindung beobachten.
- Interaktionen der KI-Anwendung mit Nutzern beobachten.
- Sprache, Gestik oder Empathie antrainieren.
- Fehler korrigieren und Erfolge bestätigen.
- Persönlichkeit definieren und entwickeln.

Persönlichkeit entwickeln? Das kann zum Beispiel bei einem Chatbot der Fall sein, der Vielschichtigkeit und Zwischentöne in der Kommunikation zwischen Menschen erkennen soll. An der University of Central Florida haben Forscher einen „Sarkasmus-Detektor" entwickelt. So ist es ihnen gelungen, einen Algorithmus zu entwickeln der Sarkasmus mit einer Genauigkeit von 77,4 bis 97,9 % erkennen kann (DerStandard, 2021). Der Sarkasmus-Detektor tut sich besonders bei Fragestellungen schwer, einzustufen, ob sie wörtlich oder rhetorisch gemeint sind.

Ein Trainer kann mit beeinflussen, welche Art von Persönlichkeit der Bot entwickelt. Solch ein Charakter sollte in engem Zusammenhang zur Marke stehen. Microsoft beispielsweise trainiert seinen Sprachassistenten Cortana als hilfsbereit, aber nicht dominant. Cortana lernt unter anderem, zu welcher Tageszeit seine Nutzer für Feedback am empfänglichsten sind. Der Schuss kann nach hinten losgehen, wie im prominenten Fall des Microsoft-Chatbots Tay, der sich innerhalb eines Tages von jugendlicher Nähe auf Twitter zu einem Hassbot entwickelt hat, der rassistische und antifeministische Tweets abzusetzen begann. Ein solcher Kontrollverlust über einen Bot zeigt, wie wichtig die Kinderstube für digitale Assistenten ist. Richtlinienerziehung, die den Kommunikationsraum gestaltet, liegt in den Händen des Trainers. Er legt Standards fest, die ein Bot einhalten muss. Standards zu ethischem Verhalten und gutem Benehmen können über Landesgrenzen hinweg voneinander abweichen. Trainer brauchen daher auch kulturellen Kontext, sobald die KI-Lösung global ausgerollt wird. Weltanschauungs- und Lokalisierungstrainings können dann Missverständnissen und Fettnäpfchen vorbeugen.

Missverständnisse sollten Sie vor allem im eigenen Trainingsdatensatz identifizieren. Häufig zeigt sich, dass fehlerhafte Tendenzen (Bias) nicht durch bewusstes Design entstehen, sondern durch unbewusste, kulturelle oder historische Verzerrungen in den Trainingsdaten (Wolter, 2020). Wenn der Trainer das nicht erkennt, wird er die Vorurteile effektiv in Code umsetzen. Trainer sollten auch so weit vom Unternehmen ermächtigt sein, dass sie intervenieren können, wenn der interne Auftraggeber mit der KI-Anwendung nur beweisen möchte, was er ohnehin bereits glaubt. Wer sich stattdessen dazu einspannen lässt, Daten auf vordefinierte Schlussfolgerungen zu gewichten, der wird keinen echten Mehrwert generieren.

Wenn es Ihnen an internen Multitalenten im Sinne von psychosozial talentierten IT-Nerds mit Knigge-Faible und globalem Kontext mangelt, müssen Sie das KI-Training nicht zwingend im eigenen Unternehmen durchführen. Es gibt Crowdsourcing- und Outsourcing Anbieter wie Mighty-AI (inzwischen von Uber aufgekauft zum Training autonomen Fahrens), die Sprachverarbeitungssysteme und visuelle Erkennungssysteme für unterschiedliche Kulturen trainieren. Auch wenn Sie externe Unterstützung in Anspruch nehmen, empfiehlt es sich, parallel eigene Mitarbeiter mit einzubeziehen. Wer mithilft eine KI zu trainieren, der bekommt nebenbei auch Change-Programm und Weiterbildung, was sowohl der Akzeptanz später in der Anwendung nutzt als auch dem Know-how-Aufbau im Team. Speziell skeptische Kollegen, die mit Bedenken auf neue Technologie reagieren, können in der Trainerrolle das beste Mittel gegen Angst und Hilflosigkeit finden. Mehr dazu lesen Sie in Kapitel zehn (vgl. Abschn. 10.1).

8.2 In sieben Schritten zu Ihrem ersten Chatbot

Chatbots sind ein beliebter erster Schritt in eigene KI-Anwendungen, wie in Kapitel drei und fünf erörtert. In vielen Branchen ist ein Großteil der Kundenanfragen repetitiv und relativ leicht zu beantworten. Kunden erwarten heute einen Ansprechpartner rund um die Uhr, da liegt es nahe, mit Chatbots im Kundenkontakt zu experimentieren. Für Ihren ersten Chatbot könnten Auskunftsdienste ein einfacher Anwendungsfall sein. Vermeiden Sie komplizierte Dialoge, denn je mehr KI in einem Bot eingesetzt wird und je feiner sein Dialogtalent, desto größer Ihr Entwicklungsaufwand. Zum Start empfiehlt es sich, einen Bot zu wählen, der 70 % aller Anfragen mit einem einfachen Modell erfolgreich behandelt und die verbleibenden 30 % an einen Mitarbeiter abgibt.

Zum Start klären Sie das Ziel Ihrer Automatisierung und den Adressatenkreis:

- Welche Dialoge soll der Bot übernehmen und was versprechen Sie sich davon?
- Soll der Bot auch Vorgänge vom Mitarbeiter übernehmen können (Delegation)?
- Muss ein Mitarbeiter in der Lage sein, einzugreifen, wenn der Bot nicht weiterkommt (Eskalation)?
- Soll sich der Bot automatisch aktivieren und selbstständig durch das Gespräch leiten (automatische Dialogführung)?

Im nächsten Schritt legen Sie den Funktionsumfang Ihres Bots fest, in unserem Fall eine einfache FAQ-Lösung für häufig wiederkehrende Fragen in einem Chat auf der Webseite eines E-Commerce-Unternehmens. Der Bot soll Auskunft geben können über die Lieferbedingungen, Rücksendungen oder Öffnungszeiten im Kundenservice.

Für die Entwicklung der Dialogstruktur können Sie folgende sieben Schritte nutzen:

1. **Ziele finden**
   Was wollen Sie mit Ihrem Bot erreichen? Verspricht sich Ihr Chef zehn Prozent Produktivitätssteigerung im Service? Hofft der Vorstand auf Personalabbau im Service? Wollen Sie Ihr Rekrutierungsproblem lösen durch einen Fremdsprachenbot, der auch in Mandarin antwortet? Träumen Sie von natürlichem Service-Dialog, bei dem Ihr Kunde gar nicht erkennt, dass er mit einer Computer-Anwendung chattet? Vorsicht, überfordern Sie Ihren Bot und Ihre Kunden nicht. Es lohnt sich, die Ziele aus Sicht Ihrer Kunden zu formulieren, je höher deren Nutzen, desto größer die Chance auf Akzeptanz. Wie in Kapitel vier erarbeitet, identifizieren Sie Servicefälle, die sich für den Nutzer schnell und bequem im Dialog lösen lassen. Definieren Sie nur messbare Ziele, um auf dem Weg Fortschritte eindeutig messen zu können.
2. **Dialoge entwickeln**
   Beobachten Sie Dialoge im Chat, um zu verstehen, welche Arten von Fragen tatsächlich gestellt werden und wie Service-Mitarbeiter reagieren, welche Dialoge erfolgreich verlaufen und warum. So können Sie alle relevanten Fragen und Dialoge erfassen und bekommen ein Gefühl für die native Sprache der Kunden, die Ihr Bot verstehen soll. Welche Fragen treten immer wieder auf, werden ähnlich formuliert und leicht beantwortet? Mit dieser Frage sehen Sie schnell, welche Dialogvarianten Sie automatisieren können. Zerlegen Sie jeden Fragendialog in einzelne Schritte, um alle möglichen Aktionen und Formulierungen zu erfassen. Währenddessen markieren Sie auch die Ein- und Ausstiegspunkte für den Bot. Wann wird er aktiviert und an welchem Punkt soll er an einen Servicemitarbeiter übergeben, falls er die Frage nicht versteht oder die Antwort nicht kennt? In welchen Sprachen soll er zuhören und antworten können? So haben Sie schon die wichtigste Vorarbeit für den nächsten Schritt erledigt. Planen Sie hier Zeit ein für einen Realitätscheck: Sind Ihre Ziele realistisch? Ist der Fokus klar genug, um nicht in Komplexität zu versinken?
3. **Persönlichkeit modellieren**
   Neben der funktionalen Sammlung von Servicedialogen wird es Zeit, das Wesen des Bots zu entwickeln. Nicht nur die Anwendung

selbst soll zu Ihrer Marke und den Nutzern passen, sondern auch der Charakter Ihres Bots: Eine junge E-Sports-Zielgruppe wird im Kontakt eine andere Ansprache erwarten als Bildungsreisende der Altersgruppe 60-plus. Sowohl der Tonfall als auch die ganze Persönlichkeit sollten die Atmosphäre Ihrer Marke widerspiegeln. Ein Disney-Chatbot aus „Star Wars Rebels" könnte kämpferisch auftreten und Floskeln der Serie nutzen. Wenn Sie Ihren Bot in einen Messenger integrieren, beobachten Sie vorab, wie Ihre Zielgruppe heute auf dem Kanal kommuniziert. Welche Rolle spielen GIFs, Memes und Spiele? Wie unterhalten sich die Nutzer mit Freunden oder in Gruppen? So können Sie Ihre Bot-Persönlichkeit an deren natürliche Sprache anpassen.

4. **Automatisierungsgrad festlegen**
Für jeden Dialog legen Sie nun fest, wann und wie sich der Bot aktiviert und deaktiviert. Im gewählten Beispiel Chat auf einer Webseite wird er durch eine Anfrage im Chat aktiviert, begrüßt den Kunden und befragt ihn dialogisch zu verschiedenen Suchparametern. Daraufhin wird er ein Suchergebnis ausspielen wie beispielsweise die Öffnungszeiten der Filiale und danach den Kunden fragen, ob er noch ein weiteres Anliegen hat, bevor er ihn verabschiedet und sich deaktiviert. Falls er selbst nicht mehr weiterweiß, könnte er den Dialog an einen Mitarbeiter übergeben. Sie legen diese Eskalationsoptionen fest und definieren, an welche Kompetenz-Level (Skills) Ihrer Service-Teams der Bot, je nach Verfügbarkeit und Tageszeit übergeben soll. Denken Sie daran, diese Prozesseinbindung später auch mit den betroffenen Mitarbeitergruppen durchzuspielen. Bots, die an Abteilungsgrenzen versteckt werden, sind zum Scheitern verurteilt. Nur wenn alle angrenzenden Serviceprozesse integriert oder zumindest bedacht sind, lassen sich Schnittstellenprobleme vermeiden.

5. **Software auswählen**
Bevor Sie die Software auswählen, erstellen Sie sich eine Checkliste in Abstimmung mit Ihren IT-Kollegen. Welche Schnittstellen muss die Software unterstützen? Wie flexibel können Sie Dialoge konfigurieren? Wie gut kann sie Ihre Dialogverläufe abbilden? Welche Aktivierungs- und Abbruchkriterien soll die Software

abbilden? Wie leicht lassen sich Dialoge zu Mitarbeitern überleiten? Welche Überwachungsfunktionalitäten und Interventionsroutinen bietet die Software? Wie anschaulich ist das Reporting? Wie gut ist die Visualisierung und Anwenderoberfläche? Jüngere Nutzer meiden zunehmend geschriebene Sprache, umso wichtiger ist ein passendes User-Interface. Auf dem Markt haben Sie heute eine große Auswahl von Bot-Software mit KI-Technologie. Die nachfolgende Abbildung (Abb. 8.1) zeigt eine Auswahl beliebter Chatbot-Anbieter (Chi, 2022).

6. **Bot einrichten und testen**
   Passen Sie den Bot auf Ihre Bedürfnisse an und füttern Sie ihn mit Dialogverläufen, Aktivierungs- und Abbruchregeln, Eskalationstriggern und Reportingroutinen. Spannend wird es im Testing:

BOT-TOOL	FUNKTIONALITÄT	URL
Ada Chatbot	Website Chatbot für Customer-Service	https://www.ada.support/
Bold 360	Chatbot zur Umgehung von langen FAQs. Kunden fragen, Chatbot antwortet als „Selfservice Chatbot"	https://www.bold360.com/features/customer-self-service
Inbenta Bot	Website Chatbot für Customer-Service	https://www.inbenta.com/en/products/chatbot/
Liveperson	Chatbot für Websites, SMS, Facebook-Messenger, Apple Business Chat etc.	https://www.liveperson.com/products/ai-chatbots/
Rulai	Chatbots in mehreren Automatisierungs-Varianten für Customer-Service	https://rul.ai/
Vergic ChatBots	Software zum Entwickeln neuer Bots oder Überspielen der Software auf bereits vorhandene Bots	https://www.vergic.com/platform/about-bots/
Watson Assistant	Software zur Erstellung eines KI-Chatbot als White-Label Cloud-Service	https://www.ibm.com/cloud/watson-assistant/

Abb. 8.1 Beliebte Anbieter von KI-Chatbots. (Quelle: In Anlehnung an Chi C., 2022)

Dokumentieren Sie alle Dialogschritte detailliert und prüfen Sie, an welchen Stellen die Testergebnisse nicht Ihre definierten Ziele erreichen. Testen Sie den Live-Betrieb auf allen gewählten Kanälen. Sprachen müssen getestet werden und wie gut die Überleitung an einen Mitarbeiter in jeder Fremdsprache klappt. Falls Sie sich nicht für einen Chatbot auf der eigenen Webseite entschieden haben, sondern beispielsweise im Social-Media-Messenger, denken Sie daran, alle Aktivierungsbedingungen festzulegen: Soll Ihr Bot auf öffentliche oder nur auf private Nachrichten reagieren? Soll er auf öffentliche Nachrichten öffentlich antworten oder lieber privat? Welche Schlüsselbegriffe sind nötig, damit er sich aktiviert? Testen Sie die Übergabepunkte zu Mitarbeitern und das Tracking aller Transfers. So können Sie später auswerten, wie hoch beispielsweise die Conversion war, bei Überleitung in den Webshop.

7. **Qualität verbessern**

Zu Beginn beobachten Sie alle Dialoge im Chatbot, später genügen Stichproben. Wie viele Dialoge verlaufen planmäßig? Wie zufriedenstellend sind die Antworten? Welche Dialoge werden zufriedenstellend abgeschlossen und wie viele an Mitarbeiter übergeben? Wie häufig und an welchen Stellen des Dialogs brechen Nutzer ab? Solche Fragen helfen Ihnen, die Akzeptanz beim Nutzer zu erkennen und Ihre Zahlenziele zu prüfen. Schon nach wenigen Tagen werden Sie auf Basis des Nutzerverhaltens viele Ideen haben, wie Sie Dialoge optimieren können. Jetzt ist es Zeit, das Unerwartete zu behandeln. Sie werden Skripte verfeinern, damit der Chatbot geschickt auf einen ihm bekannten Pfad zurücklenken kann, wenn er eine Frage nicht verstanden hat oder mit Schimpfwörtern konfrontiert wird. Sobald Sie sehen, was Kunden mit dieser Figur verbinden und welche Art von Humor dem Bot beggenet, können Sie seine Persönlichkeit weiterentwickeln. Große Wirkung erzielen Sie oft mit witzigen Kleinigkeiten wie GIFs oder Memes, die Nutzer überraschen.

8.3 Sozialer Zuhörer fördert Vertrieb

Wie wäre es nun mit einem Bot für den sozialen Lauschangriff als Vertriebshelfer? Social-Listening beschreibt ein Werkzeug, das Social-Media-Kanäle beobachtet, um Fragen, Dialoge oder Diskussionen zu identifizieren, die das eigene Unternehmen, Produkte oder Services betreffen. In dieser Masse an unstrukturierten Daten stecken unzählige Ideen, Anregungen und auch Verkaufs-Chancen. Chancen, die Sie filtern und sortieren, gruppieren und markieren können, um daraus Vertriebsoptionen zu entwickeln oder Service zu vereinfachen. Prominente Praxisbeispiele finden sich unter anderem bei der Telekom für die aktive Bearbeitung von Servicefällen oder bei der Porsche AG für die Früherkennung und Ansprache von Interessenten. Nehmen wir an, Sie wollen einen Bot nutzen, um Interessenten durch gezielte Informationen oder Kontaktangebote in ein Beratungsgespräch zu begleiten. Proaktiven Kundenservice wollen Sie vollautomatisiert und proaktiv anbieten, noch bevor Kunden aktiv danach fragen. Ihre neue Anwendung würden Sie gerne mit Vertriebszielen in Form von Zusatzverkäufen (Upselling) verbinden.

In fünf Schritten könnten Sie Ihren Pre-Sales Bot aufsetzen
1. **Anwendungsfall festlegen**
   Welche Muster zeigen sich in Ihrer Kundenkommunikation auf Social-Media, die Ihr Bot nutzen könnte? Bei einem Mobilfunkanbieter könnte er Wiedervorlagen von Verträgen verwalten. Wenn ein Kunde den Mobilfunkvertrag offensichtlich wechseln möchte, aber noch die Kündigungsfrist abwarten muss, käme er in die Wiedervorlage des Bots, um den wechselfreudigen Kunden rechtzeitig mit neuen Angeboten kontaktieren zu können. Autohändler-Bots könnten Leasingverträge managen und die Kunden im letzten Drittel der Laufzeit intensiver beobachten. Bevor der Vertrag des Autos abläuft, könnten sie den Kunden mit einem Leasingfahrzeug ansprechen, das zu dessen aktuellem Lebenskontext passt. Suchen Sie sich am Anfang einfache Fälle, zu denen sich leicht Material aus Social-Media-Daten sammeln lässt.

2. **Datenstrom nach Chancen filtern**
   Untersuchen Sie die Datenströme auf Social-Media, um relevante Diskussionen und Profile zu identifizieren, sonst laufen Sie Gefahr, in einer Datenflut unterzugehen. Natural Language Processing (NLP) wird helfen, menschliche Sprache so zu verstehen, wie sie geschrieben wird. Die Daten werden in einer Social-CRM-Datenbank gesammelt. Mit Hilfe von Supervised Learning trainieren Sie den Algorithmus auf Basis von vergangenen Dialogen im Social-Web, die zu einem Kauf geführt haben. Ihr Bot wird auf diesem Weg Muster entwickeln, um aus der aktuellen Konversation auf Social-Media interessante Verkaufschancen (Leads) zu identifizieren und klassifizieren. Definieren Sie die Cluster entsprechend Ihrem Sprachgebrauch im Vertrieb. Häufig werden Begriffe wie „Hot Lead", „Cold Lead", „Retention" oder „Churn" verwendet. So entsteht eine Sammlung von Ansprache-Optionen (Engagement Opportunities).
3. **Chancen bewerten**
   Im nächsten Schritt designen Sie die Bewertung der Ansprache-Optionen. Besonders weit entwickelt ist Social Scoring heute bei internationalen Finanzdienstleistern. Lange überholt ist die Zeit, als die Kreditwürdigkeit am Einkommen und Schufa-Eintrag festgemacht wurde. Analysiert werden für einen Antragsteller bis zu 1000 Einzelparameter seines Online-Verhaltens (PWC, 2019). Für Ihren Fall nutzen Sie die Daten aus Ihrer Social-CRM-Datenbank, um Ihren Bot die Erfolgsaussichten einzuschätzen zu lassen. Definieren Sie den Score und legen Sie fest, ab welcher Höhe dieser Wert eine Ansprache auslöst. Je nachdem wie hoch Ihr Bot bei jeder Ansprache-Option die Erfolgswahrscheinlichkeit einschätzt, wird er später die Höhe des Scores bewerten. Hat der Score und damit die vermutete Werthaltigkeit des Kontakts den von Ihnen definierten Wert erreicht, wird er den potentiellen Kunden kontaktieren.
4. **Aktionen festlegen und testen**
   Zum Ende der Designphase legen Sie fest, was Ihr Bot in der Kontaktaufnahme anstellen soll, abhängig vom gewählten Anwendungsfall. Wann soll er Informationen anbieten, wann ein konkretes Angebot machen? Wie soll er Produkt- mit Service-Angeboten verbinden? Wie frei ist der Bot in der Wahl der Angebote,

wenn vom Marketing gezielt Kampagnen gefahren werden? Wann gibt er den Kontakt an einen menschlichen Kollegen ab? Wie anspruchsvoll sind Sie im Abwägen von kurzfristigen Verkaufsoptionen mit langfristigem Kundenwert? In einem von Ihnen zu definierenden Rollenspiel von Vollautomatisierung oder Teilautomatisierung mit Routing, Delegation und Eskalation wird Ihr Bot alleine in den Ring gehen oder sich die Arbeit mit dem Verkaufs- und Service-Team teilen. Denken Sie auch hier an ausgiebiges Testen, bevor Sie den Bot in die freie Wildbahn lassen.

5. **Implementieren und verbessern**
Drücken Sie auf den Startknopf und lehnen Sie sich erstmal entspannt zurück. Dank Ihrer akribischen Vorarbeit und Test-Zeit wird Ihr Social-Listening-Bot nun echte Kunden souverän kontaktieren. Beobachten Sie im System, wo der Bot den Fall abschließen kann und wo er an Mitarbeiter übergibt. Wie bei jedem Bot-Projekt, begleiten Sie zum Start flächendeckend und reduzieren Ihre Beobachtung dann auf Stichproben. Speziell im sensiblen Experimentieren mit Vertriebs-Chancen gilt es, genau hinzuschauen, wo Nutzer abbrechen und welche Ansprache tatsächlich zum Abschluss führt. Sollte Ihr Bot erfolgreich sein und das Vertriebsteam darüber geteilter Meinung, dann finden Sie in Kapitel zehn Anregungen zur Steigerung der sozialen Akzeptanz intern (vgl. Abschn. 10.3).

8.4 Bots für Fortgeschrittene

Sie haben erste Erfahrungen gemacht, eigene Bots konfiguriert und aus Erfahrungen gelernt, wenn der kleine Helfer falsch abgebogen ist? Die meisten KI-Mütter und -Väter berichten auf dem Weg von folgenden erfolgskritischen Faktoren:

Personalisierung
Ihre Kunden und Mitarbeiter erwarten von Ihrem Bot, persönlich erkannt und angesprochen zu werden. Was habe ich beim letzten Mal gefragt, welche Besonderheiten zum Vertrag hinterlegt, wie

den letzten Urlaub konfiguriert? Gar nicht so einfach für einen Bot. Wenn Sie diesen Berg erklimmen wollen, benötigt Ihr Bot nicht nur die komplette Kundenhistorie, sondern Kontextsensitivität, Systemvariablen und ein episodisches Gedächtnis. Versetzen Sie Ihren Bot in die Lage, den Benutzer zu erkennen, frühere Eingaben zu erinnern, Kanalpräferenzen oder Informationsdomänen zu identifizieren. Auf Basis von Customer-Journeys verwendet er dann Benutzereingaben, um den Inhalt von Dialogen in Echtzeit und datengesteuert zu personalisieren.

Persönlichkeit
Wir vertrauen Menschen leichter als Maschinen. Je mehr Persönlichkeit mit Charakter Sie Ihrem Bot geben, desto eher werden Nutzer ihn als „greifbar" erleben. Dazu zählt auch die passende Wortwahl zum Einstieg oder an schwierigen Passagen im Dialog. Machen Sie kein Geheimnis daraus, dass es sich um einen Bot handelt und nicht um einen Menschen. Lassen Sie den Bot nachfragen, ob der Kunde mehr Informationen braucht zum Datenschutz, zur Nutzung oder Speicherung von Daten. Je ähnlicher der Bot im Auftreten den Nutzern wird, desto größer die Chance auf Akzeptanz.

Spaßfaktor
Interaktion mit einem Bot darf Spaß machen. Durch spielähnliche Elemente können Sie auch langweilige Tätigkeiten und Prozesse im Bot-Kontakt auflockern. Ähnlich wie die Persönlichkeit muss auch dieser Ansatz zur Zielgruppe passen. Angemessen ist, was gut angenommen wird, von Witzen, Chit-Chat über Bilderkennungsspiele, Sticker oder Fortschrittsbalken bis zu Soundeffekten. Untersuchen Sie auf dem Weg, welchen Einfluss Gamification-Elemente auf den Erfolg haben. So zeigen sich im Vertrieb in der Praxis häufig positive Effekte auf die Kaufrate (Conversion Rate).

Lösungsorientierung
Selbst wenn Ihr Bot den Kunden erkennt, sympathisch rüberkommt und mit lustigen Gimmicks überrascht: Solange er die Frage nicht beantwortet oder das Problem nicht löst, wird er nicht zum

Kundenliebling avancieren. Spätestens hier werden Sie möglicherweise wieder mit Ihren internen IT-Traumata konfrontiert, denn je besser die Backend-Anbindung an Ihre Kundendatenbank, CRM-Systeme und Transaktionsdaten, desto höher die Lösungsrate. Auf diesem steinigen Weg kommen Sie schneller voran, wenn Sie Datenpools aufbauen und Systeme über eine Schnittstelle zur Programmierung von Anwendungen (API) bereitstellen. Mit der schrittweisen Automatisierung von Geschäftsprozessen wird der Handlungsspielraum für Bots massiv zunehmen, von Änderungen im Kundenkonto über Servicetermine bis zu Vertragsänderungen. Achten Sie vor allem an Kanalgrenzen darauf, dass der Kontext nicht verloren geht, solange es für jede Informationsdomäne noch einen eigenen Bot gibt.

Wirtschaftlichkeit
Controller und Finanzchefs zählen nicht automatisch zu Ihrem Freundeskreis, wenn Sie als Bot-Pionier im Haus unterwegs sind. Ganz schön aufwändig, Bots zu entwickeln mit interdisziplinären Teams, deren Köpfe über deterministischen Dialogen rauchen, bis jeder Anwendungsfall geskriptet ist. Vielleicht stehen Sie auch auf Kriegsfuß mit dem IT-Chef, der im Ressourcenengpass rotsieht, wenn seine Entwickler jeden Bot mit neuen Kanälen, Datenbanken und NLP-Units neu integrieren müssen. Sie halten dagegen, denn Ihr Bot-Portfolio muss ständig erweitert, die Informationsdomänen aktualisiert und die Geschäftsprozesse digitalisiert werden, damit Sie im Wettbewerb um Aufmerksamkeit relevant bleiben.

Gut gerüstet für den nächsten Schritt, können Sie nun intern die Weichen stellen für eine digitale Bot-Plattform als Biotop für Ihre KI-Anwendungen. Backend-Schnittstellen, Frontend-Kanal-Integration und Werkzeuge wie Monitoring-Tools, Reporting-Lösungen und Visualisierungs-Dashboards können so mehrfach verwendet werden. Auch Chatbot-Inhalte wie Dialogknoten oder Interaktionselemente (Rich Media) können Sie auf der Plattform leicht weiterentwickeln, kopieren oder anpassen. Die Finanzabteilung freut sich, denn die Preismodelle für kognitive Services orientieren sich an der Anzahl an API-Aufrufen. Eine Plattform mit höherem Volumen aller Bots führt zu geringeren Kosten je API-Aufruf. Das wichtigste Argument ist der spürbare Kundennutzen, sobald Ihre Nutzer den Kanal wechseln können und die Bots auf Ihrer Plattform persönliche Daten, den letzten Kontakt und den Kontext erinnern. Ein intelligenter Algorithmus leitet eingehende Anfragen zwischen den Kompetenzen der Bots weiter, ohne dass der Kunde einen Bruch spürt. Von jedem neuen Dialog, den ein Bot führt, lernen auch alle anderen.

8.5 Sprachassistenten-Skill mit Slang

Sprache oder Text? Die vier derzeit größten persönlichen Assistenten sind sprachbasiert durch intelligente Lautsprecher (Siri, Home, Cortana und Echo). Deren Nutzung wächst rasant, im Jahr 2020 waren weltweit geschätzt 4,2 Mrd. Sprachassistenten im Einsatz. Für 2024 werden 8,4 Mrd. prognostiziert, damit überträfen Sprachassistenten die Weltbevölkerung (Statista, 2022). Wenn irgendwann der Sprachassistent entscheidet, welche Snacks er passend zum von ihm gewählten Samstagabend-Film bestellt, um die Familienkrise seiner Nutzer zu befrieden, dann wird der Zugang von Unternehmen zur Sprachassistenten-Plattform wichtiger als zum Kunden selbst. Gemeinsam mit digitalen Bot-Plattformen markiert das den Übergang Conversational-Commerce, wie in Kapitel drei beschrieben (vgl. Abschn. 3.1).

Die Entwicklung digitaler Assistenten in vier Phasen

Das Smartphone wird 2017 schlauer sein als wir, so lautete vor einigen Jahren eine Prognose des Marktforschungsunternehmens Gartner, die in der Entwicklung digitaler Assistenten vier Phasen skizzierte: „Sync me, see me, know me and be me!" (Zimmermann, 2014). In der Phase „Sync me" wird aller relevante digitale Content an einem Ort gespeichert und mit jedem benutzten Gerät synchronisiert. „See me" lässt den Algorithmus erkennen, wo wir uns jetzt aufhalten und in der Vergangenheit unterwegs waren, sowohl mit digitalen als auch mit realen Fußspuren. Bedürfnisse des Nutzers und passende Produkte und Services kann der digitale Helfer in der Phase „Know me" vorschlagen. Der letzte Schritt „Be me" ist für uns noch ein Zukunftsszenario, wenn der Algorithmus selbstständig in unserem Namen agiert (Gentsch, 2017). Er wird Gesten wahrnehmen, mit Kameras und Sensoren arbeiten.

Digitale Sprachassistenten wie Alexa, Cortana oder Siri in der nachfolgenden Abbildung (Abb. 8.2) entwickeln sich zu Ökosystemen mit Torwächter-Funktion.

Wer Endkunden für seinen Service gewinnen will, der wird heute nicht mehr unbedingt mit einer eigenen App starten, sondern seinen Service in eine Alexa- oder Siri-Welt integrieren. Für Sie könnte das eine einfache Möglichkeit sein, Erfahrungen mit KI zu machen, ohne selbst

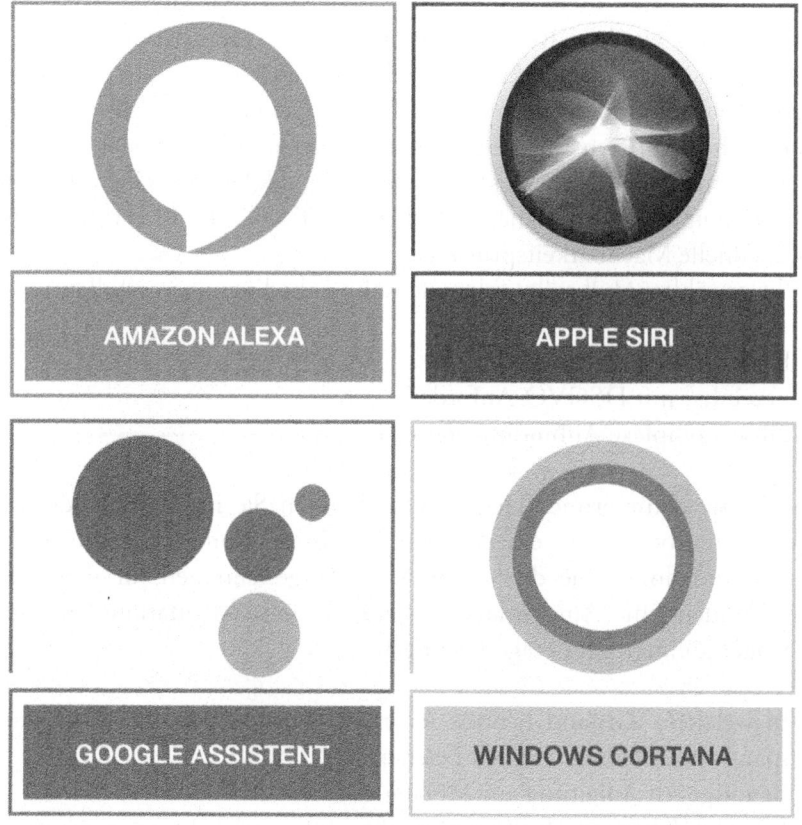

Abb. 8.2 Digitale Sprachassistenten. (Quelle: Eigene Darstellung – Logos: Google assistant: https://de.m.wikipedia.org/wiki/Datei:Google_Assistant_logo.svg; Siri: https://www.apple.com/siri/; Alexa: https://developer.amazon.com/de/docs/alexa-voice-service/logo-and-brand.html; Cortana: https://www.microsoft.com/de-de/windows/cortana)

tiefes Know-how mitzubringen. Bei der Auswahl des digitalen Sprachassistenten orientieren Sie sich daran, welche der großen Anbieter Ihre Zielgruppe aktuell nutzt (Alexa, Cortana, Siri und Co). Informieren Sie sich über deren Reifegrad und die Auswahl an Skills. Im nächsten Schritt klären Sie, welche Art von Service Sie anbieten wollen, der per Spracheingabe funktioniert. Bilden Sie schon jetzt ein interdisziplinäres Projektteam und orientieren Sie sich an den Bedarfen Ihrer Kunden. So könnten Sie zum Beispiel Verwaltungsprozesse für Kunden vereinfachen, bei denen in Echtzeit Daten aus dem CRM-System abgefragt und genutzt werden. Kunden könnten so den Status von Anträgen abfragen oder einfache Aktionen per Sprachbefehl ausführen. Achten Sie in der Ideenfindung darauf, dass Ihr Service, in diesem Fall der Skill, einen echten Nutzen für die Anwender bietet und beschreiben Sie den Nutzen aus deren Sicht (vgl. Abschn. 4.1). Holen Sie einen Datenschützer, einen Projektmanager und einen IT-Kollegen in Ihr Team für eine schnelle Machbarkeitsprüfung.

Ihr gewählter Skill sollte folgende Rahmenbedingungen erfüllen:

- Realer Mehrwert für den Nutzer.
- Vereinbar mit DSGVO-Anforderungen.
- Ohne komplexe Anbindung der eigenen IT.

Sobald Sie dafür grünes Licht haben, können Sie in die Entwicklung starten. Erarbeiten Sie ein Konzept mit Ihren Kommunikationsfachleuten und finden Sie die wesentlichen Fragestellungen für den Skill aus Kundensicht. Am einfachen Beispiel eines Meditationsskills für Manager könnten drei Fragen genügen:

- In welchem Zustand befinde ich mich (konzentriert ins Büro, entspannt ins Meeting, endlich Feierabend)?
- Benötige ich Anleitung zur Meditation?
- Wie viel Zeit habe ich zur Verfügung?

Denken Sie auch an einen selbsterklärenden Einstieg, beispielsweise über Meditationsanlässe mit Bilderwelten, die leicht verständlich sind. Neue Nutzer sollen sich schnell zurechtfinden und erfahrene Nutzer wollen über Abkürzungen direkt in ihre Lieblingsanwendung springen. Neben den Dialogen zwischen Skill und Nutzer sollten Sie auch genug Zeit einplanen, die Anlässe und Inhalte auszugestalten, zwischen denen der Nutzer wählen kann. Testen ist essenziell, damit Sie die Chance haben, nachzujustieren. Gute Dienste leistet Ihnen dafür ein sogenannter „Skill Builder". Angeboten vom gewählten Sprachassistenten, können Sie auf einer visuellen Oberfläche ganz einfach ein Interaktionsmodell für Ihren Skill erstellen. Der Skill Builder leitet Sie schrittweise durch die Erstellung eines Skripts und unterstützt dann in der Übersetzung. Sie erfahren, wie Sie Intents und Utterances definieren, die festschreiben, was Ihr Skill kann und was Nutzer sagen müssen, um ihn zu aktiveren. „Intents" sind alle Funktionen, die der Skill ausführt. Ein Skill für Meditationen könnte fünf Intents umfassen wie „Meditation auswählen", „Meditation starten", „Stopp", „Abbrechen" und „Hilfe". „Utterances" oder Aussagen sind Listen von Wörtern und Sätzen, die Nutzer sagen könnten, um den Intent zu aktivieren und auszuführen. Der Nutzer könnte sagen: „Starte meine Feierabend-Übung!" oder „Spiele Naturgeräusche!". Wichtig ist hier, Ihren Nutzern natürliche Sprachoptionen zu bieten, damit der Sprachassistent auch Slang oder zumindest Floskeln übersetzen kann wie, „Siri, ich will mich entspannen!". Die Teams der Anbieter von Alexa, Cortana und Co. können wertvolle Tipps geben und auf den Entwicklerportalen finden Sie meist gute Dokumentation und Sprachdesign-Guides. Für das Backend können Sie einen Webservice nutzen wie beispielsweise AWS Lambda, ein Datenverarbeitungsservice als Teil der Amazon Web Services (AWS). Mit einem solchen Service können Sie Code ausführen, ohne Server bereitstellen oder verwalten zu müssen. Code wird nur bei Bedarf ausgeführt und automatisch skaliert, von einigen Anfragen pro Tag bis zu tausenden pro Sekunde. Der Nutzer zahlt nur für die genutzte Datenverarbeitungszeit (AWS, 2022). Sobald Ihr Skill fertig entwickelt ist und vom Sprachassistenten-Anbieter (Beispiel Amazon) freigegeben, beginnt die Marketingarbeit, um Nutzer zu gewinnen.

Vier Tips zur Skill-Vermarktung

- Werbung auf der Anbieter-Plattform erreicht die meisten aktiven Nutzer.
- Gewinnspiele zum Start des Skills erhöhen Ihre Interaktionsraten.
- Contentmarketing auf Ihren Paid- und Owned-Kanälen ergänzt die Kommunikation zu Ihrer Zielgruppe.
- Positive Nutzerbewertungen zum Start spülen Sie in die Marketingmaschine der Portale durch Erwähnung im Newsletter oder Promotion im Store und führen zu Earned Content.

Sie sehen, die Auswahl ist groß für Ihre Experimente im Sandkasten. Auf dem Weg hilft ein sicherer Raum zum Testen. Arbeiten Sie mit einem offenen Team und Mitarbeitern, die iterative Entwicklung mit Prototypen kennen. Der kleinstmögliche Produktschnitt im Sinne eines Minimum Viable Products (MVP) genügt, um mit A-B-Testing Kundenreaktionen zu beobachten und Erwartungen zu managen. Schließlich wollen Sie niemanden frustrieren, wenn Ihre Technologie auf den ersten Metern noch holpert. Das passiert auch den großen Vorreitern wie Amazon.

Amazon

Der US-amerikanische Online-Versandhändler Amazon hat Ende 2016 in Seattle ein Lebensmittelgeschäft als Experiment eröffnet. Bis unter die Decke ausgestattet mit Sensoren und Kameras, werden die Kunden auf Schritt und Tritt begleitet. Kassen sind nicht mehr nötig, die Kunden können alles in ihre Taschen stecken, nachdem sie sich am Eingang mit Ihrer Smartphone-App identifiziert haben. Der Technologie-Mix aus Computer Vision, Sensor Fusion und Deep Learing ist noch in der Entwicklung. Die Kameras müssen Obst- und Gemüsesorten in den Händen von Kunden auseinanderhalten oder die richtige Yoghurtsorte erkennen. Solche Kinderkrankheiten waren ein Grund, warum Amazon 13 Monate lang nur mit Mitarbeitern getestet hat, bevor der Store im Januar 2018 für Kunden geöffnet wurde (Levy, 2019). Noch heute beschäftigt Amazon Mitarbeiter, die das Videomaterial sichten und sicherstellen, dass der Warenkorb korrekt erfasst wird. Der Online-Riese will um jeden Preis vermeiden, dass einem Kunden beim Verlassen des Geschäfts der falsche Betrag vom Konto abgebucht wird, wie die Abbildung (Abb. 8.3) der Shopping-App zeigt.

8 Trainingskultur mit Lauschangriff – Bots und Sprach-Skills ...   117

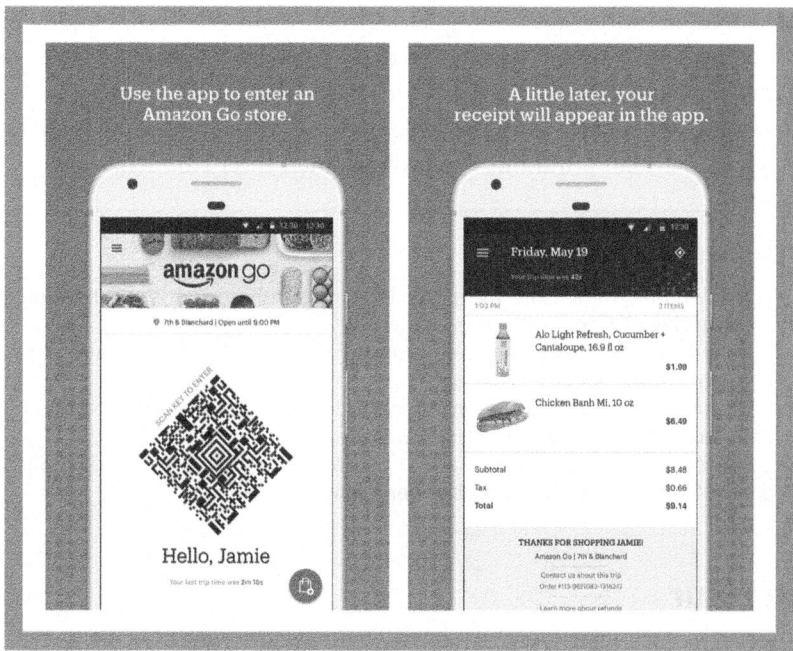

Abb. 8.3 Amazon Go Shopping-App. (Quelle: Amazon, 2022)

Wir sind hierzulande im stationären Einzelhandel noch ein Stück von diesem Szenario entfernt. Doch auch in Europa genügt es nicht mehr, Best-Practise von Wettbewerbern zu kopieren. Höchste Zeit, selbst zu experimentieren, um im Wettlauf der KI-Anwendungen mitzuhalten. Holen Sie Ihre Mitarbeiter als Trainer ins Boot. Agieren Sie auf Basis klarer Ziele und Transparenz, damit Misserfolge auf dem Weg zum Ziel nicht demotivieren. Jedes Experiment, das Ihre Annahmen widerlegt, ist ein Erkenntnisgewinn, kein Misserfolg. Ausprobieren darf Spaß machen, und Ihre erste KI-Anwendung wird vermutlich nicht perfekt sein. Sollten Sie enttäuscht sein von der Performance und Ihren Bot oder Messenger nicht länger im Kundenkontakt einsetzen, dann sind Sie in guter Gesellschaft. Einige Unternehmen nutzen ihren Service-Bot in der Zwischenzeit nicht mehr im direkten Kundendialog, sondern als Assistent für die Mitarbeiter. Der bedauernswerte Bot gibt sein Bestes und wird oft noch konfrontiert von überzogenen Erwartungen der

Nutzer. Keine Sorge, die Zeit spielt für Sie, denn die Technologie entwickelt sich in großen Schritten weiter. Egal ob Chatbot, Messenger oder Computer Vision, trauen Sie sich, Risiken einzugehen, aber agieren Sie dabei nicht fahrlässig. Sie haben die Persönlichkeit Ihrer KI-Kinder in der Hand und mit ihr das Vertrauen Ihrer Kunden.

Ihr Transfer in die Praxis
- Wählen Sie Trainer, die nicht nur Daten verstehen, sondern auch den kulturellen Kontext.
- Geben Sie Ihrem KI-Baby eine Persönlichkeit und klare Verhaltensrichtlinien.
- Testen Sie in einer sicheren Umgebung, so ersetzen Sie Angst vor Frustration durch Lust auf Erkenntnisgewinn.
- Achten Sie an Kanalgrenzen und Übergabepunkten darauf, dass Sie den Kontext und damit den Kunden nicht verlieren.

Literatur

Amazon. (2022). Shopping at an Amazon Go Store. https://www.amazon.com/gp/help/customer/display.html?nodeId=GQKJHZZQDJBQN2QF. Zugegriffen: 30. Dez. 2022.

AWS. (2022). Funktionen von AWS Lambda. AWS.amazon.com. https://aws.amazon.com/de/lambda/features/?pg=ln&sec=hs. Zugegriffen: 30. Dez. 2022.

Chi, C. (2022). 14 of the Best AI Chatbots for 2022. Hubspot.com. https://blog.hubspot.com/marketing/best-ai-chatbot. Zugegriffen: 30. Dez. 2022.

DerStandard. (2021). Forscher entwickeln KI, die Sarkasmus erkennen kann. DerStandard.at. https://www.derstandard.at/story/2000126529022/forscher-entwickeln-ki-die-sarkasmus-erkennen-kann. Zugegriffen: 30. Dez. 2022

Gentsch, P. (2017). *Künstliche Intelligenz für Sales, Marketing und Service: Mit AI und Bots zu einem Algorithmic Business-Konzepte, Technologien und Best Practices.* Springer Gabler.

Levy, N. (2019). 3 more Amazon go stores on the way in Seattle and Chicago, bringing total footprint to 17 locations. Geekwire.com. https://www.geekwire.com/2019/3-amazon-go-stores-way-seattle-chicago-bringing-total-footprint-17-locations/. Zugegriffen: 30. Dez. 2022.

PWC. (2019). Auswertung von Social-Media-Daten: Mehrheit der Deutschen lehnt „Social Scoring" durch Banken ab. pwc.de. https://www.pwc.de/de/finanzdienstleistungen/studie-ist-deutschland-bereit-fuer-social-scoring.pdf. Zugegriffen: 30. Dez. 2022.

Statista. (2022). Anzahl verwendeter Sprachassistenten weltweit 2019 und eine Prognose für 2020 und 2024. Statista.com. https://de.statista.com/statistik/daten/studie/1323879/umfrage/anzahl-weltweit-verwendeter-sprachassistenten/. Zugegriffen: 30. Dez. 2022.

Wolter, J. (2020). Wie lassen sich Bias-Fehler bei KI-Applikationen verhindern? t3n.de. https://t3n.de/news/lassen-bias-fehler-verhindern-1326984/. Zugegriffen: 30. Dez. 2022.

Zimmermann, A. (2014). Session 2: By 2017 your smartphone will be smarter than you. Gartner.com. https://www.gartner.com/event/localbriefing/2641816. Zugegriffen: 15. Nov. 2019.

9

Kontrolle ist besser – Transparenz werteorientiert gestalten

> **Was Sie aus diesem Kapitel mitnehmen**
> - Warum sich Lösungswege nicht einfach rückverfolgen lassen.
> - Wodurch KI-Ergebnisse verzerrt werden.
> - Was Datenschutz anstrengend macht.
> - Wann Mitarbeiter in KI-Projekten misstrauisch werden.
> - Wieso Unternehmen ein neues Wertesystem brauchen.

Ihre ersten Bot-Kinder oder Sprach-Skills sind im Einsatz, Sie haben sich um klare Vorgaben gekümmert und verantwortliche Erziehung. Auf dem Weg ist Ihnen möglicherweise viel Skepsis begegnet und Sie fragen sich, was Menschen brauchen, um einer KI zu vertrauen? Künstliche Intelligenz braucht einen ethischen Rahmen, das unterstrich die EU-Kommission im April 2019 mit einem Regelwerk als Voraussetzung für eine vertrauenswürdige KI, wie in der nachfolgenden Abbildung dargestellt (Abb. 9.1). Andrus Ansip, Vizepräsident für den Binnenmarkt, kommentierte, nur mit Vertrauen werde unsere Gesellschaft in vollem Umfang von künstlicher Intelligenz profitieren und sprach von einer „menschenzentrierten KI, der die Menschen vertrauen können"

VORRANG MENSCHLICHEN HANDELNS UND MENSCHLICHER AUFSICHT	ROBUSTHEIT UND SICHERHEIT	PRIVATSPHÄRE UND DATENQUALITÄTSMANAGEMENT:
KI-Systeme sollten gerechten Gesellschaften dienen, indem sie das menschliche Handeln und die Wahrung der Grundrechte unterstützen, keinesfalls aber sollten sie die Autonomie der Menschen verringern, beschränken oder fehlleiten.	Eine vertrauenswürdige KI setzt Algorithmen voraus, die sicher, verlässlich und robust genug sind, um Fehler oder Unstimmigkeiten in allen Phasen des Lebenszyklus des KI-Systems zu bewältigen.	Die Bürgerinnen und Bürger sollten die volle Kontrolle über ihre eigenen Daten behalten und die sie betreffenden Daten sollten nicht dazu verwendet werden, sie zu schädigen oder zu diskriminieren.

TRANSPARENZ	VIELFALT, NICHTDISKRIMINIERUNG UND FAIRNESS	GESELLSCHAFTLICHES UND ÖKOLOGISCHES WOHLERGEHEN	RECHENSCHAFTSPFLICHT
Die Rückverfolgbarkeit der KI-Systeme muss sichergestellt werden.	KI-Systeme sollten dem gesamten Spektrum menschlicher Fähigkeiten, Fertigkeiten und Anforderungen Rechnung tragen und die Barrierefreiheit gewährleisten.	KI-Systeme sollten eingesetzt werden, um einen positiven sozialen Wandel sowie die Nachhaltigkeit und ökologische Verantwortlichkeit zu fördern.	Es sollten Mechanismen geschaffen werden, die die Verantwortlichkeit und Rechenschaftspflicht für KI-Systeme und deren Ergebnisse gewährleisten.

Abb. 9.1 Sieben Voraussetzungen für eine vertrauenswürdige KI. (Quelle: In Anlehnung an Kafsack, 2019)

(Europe Direct Kaiserslautern, 2021). Die EU-Staaten haben Ende 2022 erstmalig umfassendere Regeln für den Einsatz Künstlicher Intelligenz (KI) definiert. Ziel sei, dass KI-Systeme sicher sind und Grundrechte einhalten, zugleich jedoch auch Innovation fördern, so der Rat der EU-Staaten. Zugleich solle Innovation gefördert werden. Darin wird unter anderem verboten, mit KI Menschen aufgrund ihres Sozialverhaltens oder ihrer Persönlichkeitsmerkmalen zu bewerten, wenn dadurch Benachteiligungen passieren können (Tagesschau, 2022).

Bevor die neuen Regeln gelten, müssen sich die EU-Staaten darüber mit dem Europaparlament einigen.

9.1 Blackbox mutig durchleuchten

Soweit der theoretische Anspruch. In der Praxis von KI-Projekten sind noch viele Fragen offen. Allein der Punkt Rückverfolgbarkeit stellt KI-Entwickler und Unternehmen, die sie einsetzen, vor eine Herausforderung. Softwaresysteme, die mit Deep Learning arbeiten, geben Informationen von einer Schicht an die nächste weiter. Von Schicht zu Schicht werden die Merkmale abstrakter, die Informationen selbstständig verarbeitet, und das neuronale Netz findet seinen ganz eigenen Lösungsweg, wie in Kapitel sieben erläutert (vgl. Abschn. 7.1). Je komplexer der Algorithmus, desto weniger können Menschen nachvollziehen, welche Regeln sich das neuronale Netz zum vorgegebenen Auftrag und Rahmen geschaffen hat und auf Basis welcher Lernerfahrungen es zum Ziel kam. Der Algorithmus kann seinen Lösungsweg nicht mitliefern, was bei der Mathearbeit Abzug geben würde und Programmierer ins Schwitzen bringt. Im Extremfall wird die KI zu einer Blackbox, deren Output bei gegebenem Input bekannt ist, während die Regeln der Verarbeitung aber im Dunkeln bleiben (Zoldi, 2022). Große KI-Anbieter wie IBM wissen, dass die Angst vor der Blackbox oder einer Verzerrung der Daten (Bias) erfolgskritisch für ihr Geschäft ist.

Führende IT-Unternehmen wie IBM forschen selbst, wie sich Transparenz in komplexen Algorithmen herstellen lässt. IBM Watson ist ein KI-Programm, benannt nach Thomas J. Watson, einem der ersten Präsidenten von IBM. Bekannt geworden im Jahr 2011 durch seinen Sieg in der Quizshow Jeopardy in den USA, kann Watson heute Chatbots entwickeln, Schadensfälle für Versicherer bearbeiten, Cyber-Sicherheitssysteme optimieren, Steuererklärungen für US-Bürger erstellen, Schadensfälle auf Rolltreppen und in Aufzügen vorhersagen oder Wartungsdaten für Fluglinien analysieren (IBM, 2022). IBM Watson hat 2018 den Cloud-Service Watson OpenScale eingeführt, der komplexe KI-Systeme durchleuchten und ihre Funktionsweise transparent machen soll. Der neue Service nutzt eine Reihe gängiger Anwendungen im maschinellen Lernen, neben IBM Watson unter anderem auch Apache Spark MLlib, AWS SageMaker, Azure Machine Learning von Microsoft und Googles Tensorflow (Altexsoft, 2021). OpenScale soll Bias in KI-Anwendungen erkennen, während der Algorithmus Entscheidungen trifft und so potentiell unfaire oder unsaubere Ergebnisse erfassen. Ergänzend kann er Empfehlungen abgeben, welche Daten hinzugefügt werden könnten, um das Problem zu mildern. IBM versucht, sich so als vertrauenswürdiger Anbieter und Schiedsrichter zu positionieren, der auch KI-Technologien anderer Anbieter prüfen kann. Experten bleiben skeptisch, solange die Blackbox, auch wenn sie richtig liegt, nicht sagen kann warum. Während zum Beispiel die Produkthaftung längst spezialgesetzlich geregelt ist, fehlen für Fehlerrisiken in der KI bislang noch spezielle gesetzliche Regelungen (Wiebe, 2022). Wie schon im Kapitel acht ausgeführt (vgl. Abschn. 8.1), entstehen die meisten Verzerrungen in der Praxis nicht durch bewusstes Design in der KI-Entwicklung, sondern durch verzerrte Trainingsdaten, die Vorurteile oder ungeprüfte Vorannahmen beinhalten. Nicht selten versuchen Unternehmen in der Anwendung auch, mit KI-Analysen einfach das zu beweisen, was sie bereits glauben und interpretieren die Daten entsprechend. Früher oder später wird die Produktverantwortung auf dem Weg in Digitalisierung und künstliche Intelligenz neu definiert werden müssen.

Wie Sie die Blackbox mutig durchleuchten können:

- Fordern Sie Transparenz ein bei Ihren internen und externen IT-Partnern, um Zwischenschritte und Ergebnisse erklären zu können.
- Arbeiten Sie mit Visualisierung von KI-Analysen, damit sichtbar wird, was im Innern passiert.
- Definieren Sie eindeutige Verantwortlichkeiten, wann eine Maschine entscheidet, wo ein Mensch interveniert und wer wann Verantwortung trägt.
- Sorgen Sie im Training vor gegen Daten-Bias und testen Sie auf Generalisierungsfähigkeit, das stärkt die Praxistauglichkeit.
- Entwickeln Sie neue Rollenmodelle für ein Babysitting der KI-Anwendung im laufenden Betrieb. Mehr dazu finden Sie im nächsten Kapitel (vgl. Abschn. 10.2).

9.2 Datenhunger rechtskonform regeln

Private Anwender und Unternehmen sorgen sich in der Nutzung von KI-Lösungen nicht nur um verzerrte Ergebnisse, sondern auch um Datenschutz. Viele Organisationen zieren sich, ihre Informationen in große Cloud-Systeme wie IBM zu geben, sie wollen ihre Daten in Eigenregie behalten (Otte, 2019). Kein Wunder, in Anbetracht der schieren Datenmenge, die in solch einem Netz gesammelt wird. Experten schätzen, dass Google etwa die Hälfte aller Daten global speichert. Wie die nachfolgende Abbildung zeigt (Abb. 9.2), lag der Anteil der Suchanfragen allein beim Marktführer Google im November 2022 bei 84 %, gefolgt von bing mit zehn Prozent (Rabe, 2022).

Von Google lässt sich Einiges lernen in Bezug auf den Datenhunger einer KI, niemand sonst sammelt und verarbeitet so viele Informationen: Suchverhalten online, Konsumgewohnheiten, Kommunikationsmuster, Smartphone-Nutzung, Bewegungsprofile,

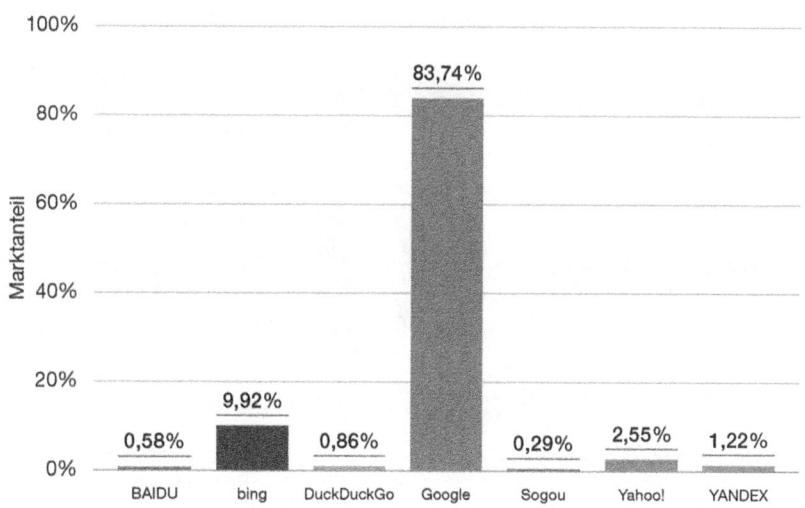

Abb. 9.2 Anzahl monatlicher Suchanfragen bei Google. (Quelle: Rabe L., 2022)

Alltagsroutinen, soziale Profile etc. Google ist, als klarer Marktführer in der Online-Suche, ein Vorreiter in digitaler KI (Rabe, 2022). Kein Wunder, dass sich auch der Suchmaschinen-Riese um Vertrauen bemüht. Im Sommer 2018 gab Google Chef Sundar Pichai in einem Blog-Beitrag sieben selbst auferlegte Ethik-Regeln bekannt, die für Googles KI-Entwicklung gelten (Abb. 9.3):

Geltenden Datenschutz zu beachten, würde bedeuten, sich beim Sammeln und Verarbeiten von Daten an gesetzliche Regelungen der Länder zu halten. Innerhalb der Europäischen Union (EU) gilt die neue Datenschutzgrundverordnung (DSGVO) seit Mai 2018 unmittelbar und ersetzt die Datenschutzrichtlinie 95/46/EG beziehungsweise geht den zur Umsetzung der Datenschutzrichtlinie erlassenen nationalen Gesetzen vor. Parallel wurden neue nationale Gesetze erlassen, wie etwa das neue BDSG 2018 oder das österreichische DSG. Die DSGVO regelt EU-weit einheitlich die Verarbeitung personenbezogener Daten durch private und öffentliche Datenverarbeiter. Sie

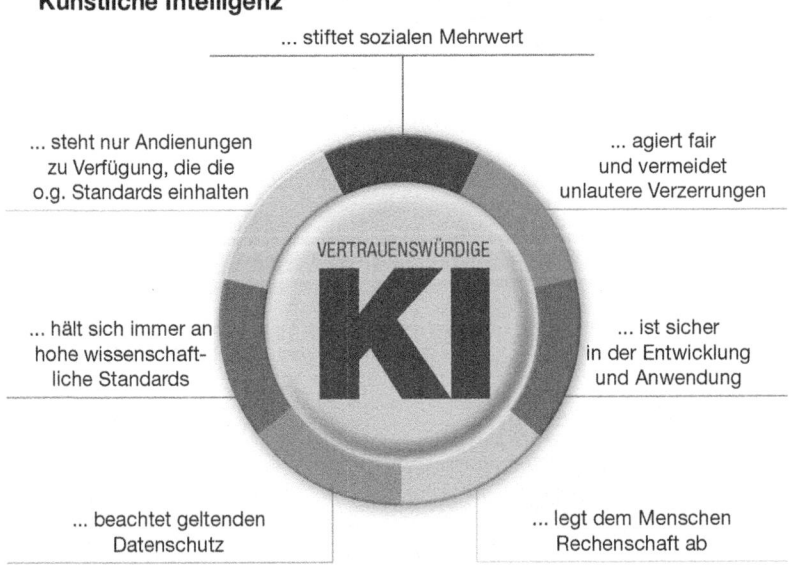

Abb. 9.3 KI-Prinzipien bei Google. (Quelle: In Anlehnung an Google AI, 2022)

enthält sogenannte Öffnungsklauseln, die durch nationalgesetzliche Bestimmungen ausgefüllt werden können. Zusätzlich zur DSGVO ist daher auch das jeweilige nationale Datenschutzgesetz zu beachten. Die DSGVO gilt für alle Verantwortlichen, die personenbezogene Daten von Betroffenen, die in der EU leben, verarbeiten, egal ob die Verantwortlichen selbst in der EU niedergelassen sind oder nicht. Nicht-EU-Unternehmen, die personenbezogene Daten von EU-Bürgern verarbeiten, müssen einen offiziellen Vertreter in der EU benennen. Betroffene hat die DSGVO in ihren Rechten gestärkt, unter anderem indem sie ihre Daten kostenlos einsehen oder löschen lassen können. Verantwortlichen erlegt die DSGVO insbesondere in ihrem Kap. 3 (Art. 12–23) umfangreiche Pflichten auf. Sie müssen unter anderem vielfältige Informations- und Auskunftspflichten erfüllen. Die Frage, ob ein Datenverarbeiter auch dazu verpflichtet sein kann, den Lösungsweg des eingesetzten Algorithmus offen zu legen (soweit er dem Unternehmen selbst überhaupt bekannt ist) und so die getroffene Entscheidung im Einzelfall transparent und damit nachvollziehbar zu machen, ist (noch) nicht abschließend geklärt. Gegen die Annahme einer solchen Pflicht spricht das Urteil des Bundesgerichtshofes (BGH) vom 28.01.2014 (Az. VI ZR 156/13): Danach hat die SCHUFA einem Kunden zwar mitzuteilen, welche personenbezogenen, insbesondere kreditrelevanten, Daten gespeichert werden und in den Scorewert des Kunden einfließen, damit falsche Daten gegebenenfalls korrigiert werden können. Die Score-Formel selbst, insbesondere die verwendeten statistischen Werte, die Gewichtung der einzelnen Merkmale und die Einordnung in Vergleichsgruppen, muss die SCHUFA jedoch nicht mitteilen, da sie als Geschäftsgeheimnis Schutz genießt. Die geforderte Nachvollziehbarkeit, wie ein bestimmtes Ergebnis zustande gekommen ist, bedeutet folglich nicht, dass es nachrechenbar sein muss. Nachvollziehbar wird es dann, wenn deutlich wird, welche Faktoren die ausgewiesene Bewertung beeinflusst haben.

International ist die Rechtslage nach wie vor inkonsistent, weshalb weltweit tätige Unternehmen eventuell nicht verpflichtet sind, die Datenschutzgesetze der Länder ihrer Kunden und Nutzer zu berücksichtigen. Die Consumer Privacy Bill of Rights regelt in den USA die Verwendung persönlicher Daten (Bischoff, 2018). Allerdings sind

US-Unternehmen nach dem CLOUD Act (Clarifying Lawful Overseas Use of Data Act) vom 23.03.2018 unter bestimmten Voraussetzungen verpflichtet, US-Behörden auch dann auf von ihnen gespeicherten Daten zugreifen zu lassen, wenn die Daten außerhalb der USA gespeichert werden. Der Mitte 2022 veröffentlichte Data Governance Act der EU soll die Grundlage für einen besseren europäischen Datenaustausch schaffen (Europäische Kommission, 2022).

In asiatischen Ländern ist die Gesetzgebung hierzu schwach und in Afrika, Russland oder Südamerika sind personenbezogene Daten ungeschützt.

Sie könnten sich der Rechtsfrage entziehen, wenn Sie ausschließlich reine Maschinen- und Systemdaten verwenden, dann ist das Datenschutzrecht nicht zu beachten. In kundennahen Bereichen wie Marketing, Vertrieb und Service werden in den meisten Fällen allerdings personenbezogene Daten verwendet, die zur Verarbeitung anonymisiert werden müssen.

> **Definition Anonymisierung und Pseudonymisierung**
>
> Anonymisiert sind Daten dann, wenn sie so stark verändert werden, dass individuelle Angaben über sachliche und persönliche Verhältnisse nicht mehr oder nur mit extrem hohem Aufwand an Kosten und Zeit einer bestimmten oder bestimmbaren natürlichen Person zugeordnet werden können (§ 3 Abs. 6 BDSG, alte Fassung). Bei der Pseudonymisierung wird der Name der Person (oder ein anderes Merkmal zur Identifikation) durch einen Code oder ein anderes Pseudonym ersetzt, um die Feststellung der Identität zu verhindern oder zu erschweren. Bezüge verschiedener Datensätze, die auf diese Weise pseudonymisiert wurden, bleiben hier im Gegensatz zur Anonymisierung erhalten (DSGVO Art. 4 Abs. 5).

Um den Personenbezug aufzulösen, muss sichergestellt werden, dass der Anwender keine De-Anonymisierung mehr vornehmen kann. Wer auf Nummer sicher gehen will, könnte die Daten in der KI-Anwendung komplett anonymisieren, was wiederum im Konflikt mit Ihren Zielen stehen könnte, wenn die Datenanalyse personalisierten Service verbessern soll. Eine De-Anonymisierung führt wieder zur Anwendung des Datenschutzrechts. Das bedeutet, die Datenverarbeitung bedarf einer

Einwilligung des Betroffenen oder einer gesetzlichen Erlaubnis. Jeder einzelne Schritt im Umgang mit personenbezogenen Daten muss daher auf seine Zulässigkeit geprüft werden.

Es bleibt ein Interessenskonflikt zwischen dem Unternehmen auf der einen Seite, dessen KI möglichst viele Daten auswerten soll und den Datenlieferanten (Nutzern) auf der anderen Seite, die ihre Privatsphäre schützen wollen.

> **Checkliste für eine rechtskonforme Datensammlung**
>
> Holen Sie sich Expertise an Bord, der Sie vertrauen, aus der Rechtsabteilung, Ihrem Compliance-Team oder Datenschutzbeauftragen beziehungsweise von externen Spezialisten.
>
> - Prüfen Sie die Datenschutzgrundverordnung (DSGVO) und die relevanten nationalen Datenschutzgesetze zur Erhebung von Personendaten für Ihren Anwendungsfall.
> - Erstellen Sie ein Datenmanagementkonzept (Data Governance) für die KI-Lösung).
> - Falls Sie Daten von Drittparteien nutzen, klären Sie, welche Rechte Sie dabei erwerben.
> - Falls Sie Ergebnisse Ihrer Datenanalyse verkaufen, regeln Sie die Nutzungsrechte (nicht Eigentumsrechte) sowie die Haftung.

9.3 Wertesystem international klären

Jenseits von rechtlichen Hürden zum Datenschutz oder Fehlerrisiken in Algorithmen werden KI-Projekte in Unternehmen oft von Gewissenskonflikten im Team begleitet. Mitarbeiter orientieren sich an ihrem individuellen Wertesystem und hadern möglicherweise mit ihrem Arbeitgeber oder Manager, deren Datenhunger mit ihrer Idee von Eigentumsrechten oder Datenschutz im Konflikt steht. Speziell wenn das Unternehmen global agiert, reiben sich oft diverse ethische Wertesysteme in internationalen Teams von Big-Data- und KI-Projekten. Mitarbeiter sind selbst auch Nutzer und als solche zunehmend sensibler, was die Sammlung und Nutzung ihrer Daten angeht. Zugleich zeigt sich auch unter den Mitarbeitern die gesellschaftliche Ambivalenz. Chatbots werden beispielsweise gerne von Datenschützern dafür kritisiert, zu viele Nutzerinformationen zu sammeln und zu analysieren, während Cookies, die das Surfverhalten der Nutzer auf Webseiten auswerten, inzwischen akzeptiert sind (Statista, 2022). Je weiter sich Chatbots entwickeln, desto mehr wissen sie über ihren Nutzer. Daten, die nicht nur auf die Person ausgewertet, sondern mit den Mustern anderer Nutzer verknüpft werden, geben noch tieferen Einblick in Bedürfnisse, Motive und Verhaltensmuster. Die Sorge führt bislang jedoch nicht dazu, dass Nutzer ihr Verhalten ändern, offenbar wiegt der Aspekt Bequemlichkeit und Erleichterung im Alltag schwerer als der Schutz persönlicher Daten. Das Unbehagen aber bleibt, weshalb laxer Umgang mit der Datenfrage im Management bei den Mitarbeitern schnell zu Vertrauensverlust führen kann, ein wichtiges Warnsignal für jeden KI-Verantwortlichen. Der Imageschaden durch Nachlässigkeit kann bei den eigenen Mitarbeitern nicht minder gravierende Folgen haben als in der breiten Öffentlichkeit. Unternehmen wandeln auf einem schmalen Grat, denn zu viele Details überfordern so manchen Nutzer und Mitarbeiter. Bemühen Sie sich daher aktiv um einfache Vermittlung, Transparenz und Vertrauensaufbau:

- Vermitteln Sie Ihren Mitarbeitern und allen Datenlieferanten den Nutzen der Datenauswertung Ihrer KI-Lösung.
- Ermöglichen Sie Ihren Datenlieferanten, egal ob Mitarbeiter, Kunde, Nutzer oder Geschäftspartner, die Freigabe der Daten und die damit verbundene Einschränkung der Privatsphäre selbst und einfach zu steuern.
- Entwickeln Sie Richtlinien für jeden Prozess-Schritt in der Datenverarbeitung;
- Weisen Sie Nutzer in der Anwendung darauf hin, falls Kommunikation rein KI-basiert ohne menschliche Kontrolle passiert.
- Klären Sie Ihren Vertragspartner bei Bedarf über Schutzmaßnahmen aus Ihrem Datenmanagementkonzept auf.
- Gründen Sie Datenpartnerschaften mit anerkannten Institutionen, nutzen Sie Zertifizierungen oder werden Sie Teil eines Vertrauensnetzwerks zum sorgsamen Umgang mit Daten in KI-Lösungen (BSI, 2022).

KI-Entwicklung lässt sich, wie technologischer Fortschritt insgesamt, nicht aufhalten. Umso mehr sind Programmierer und Anwender in der Verantwortung, Regeln zu definieren in der Entwicklung, Datenverarbeitung sowie im Umgang mit den Ergebnissen und im direkten Kundendialog. KI-Systeme sind keine Träger von Rechten und Pflichten, so bleiben die Unternehmen in der Haftung. Wenn Ihre Algorithmen die Handlungen von Ihren Nutzern und Mitarbeitern auswerten, dann sollten die Rollen und Verantwortlichkeiten klar verteilt sein und an ethischen Prinzipien orientiert, die auch in globalen Unternehmen von den Mitarbeitern mitgetragen werden.

> **Ihr Transfer in die Praxis**
>
> - Je einfacher die KI, desto leichter sichern Sie Nachvollziehbarkeit. Bauen Sie keinen Ferrari, wenn ein Fiesta ausreichen würde, so vermeiden Sie Kontrollverlust durch komplexe neuronale Netze.
> - Nehmen Sie konstruktive Compliance-Kollegen an Bord, und erarbeiten Sie mit Experten Ihre eigene Data Governance.
> - Erarbeiten Sie mit Ihrer Unternehmensführung eine klare interne Positionierung zum achtsamen Umgang mit Daten sowie ein weltweites Wertesystem, falls Sie global an KI-Lösungen arbeiten.

Literatur

Altexsoft. (2021). Comparing Machine Learning as a Service: Amazon, Microsoft Azure, Google Cloud AI, IBM Watson. altexsoft.com. https://www.altexsoft.com/blog/datascience/comparing-machine-learning-as-a-service-amazon-microsoft-azure-google-cloud-ai-ibm-watson/. Zugegriffen: 30. Dez. 2022.

Bischoff, P. (2018). What is the Consumer Privacy Bill of Rights? comparitech.com. https://www.comparitech.com/blog/vpn-privacy/consumer-privacy-bill-of-rights/. Zugegriffen: 30. Dez. 2022.

BSI. (2022). Der Wert der Informationssicherheit: Zertifizierung und Anerkennung durch das BSI. Bundesamt für Sicherheit in der Informationstechnik. https://www.bsi.bund.de/DE/Themen/Unternehmen-und-Organisationen/Standards-und-Zertifizierung/Zertifizierung-und-Anerkennung/zertifizierung-und-anerkennung_node.html. Zugegriffen: 30. Dez. 2022.

Europäische Kommission. (2022). Data Governance Act erklärt. Europa. eu. https://digital-strategy.ec.europa.eu/de/policies/data-governance-act-explained#ecl-inpage-l4ihmeih. Zugegriffen: 30. Dez. 2022.

Europe Direct Kaiserslautern. (2021). Künstliche Intelligenz: EU-Kommission lässt Vorschläge zu ethischen Leitlinien in der Praxis testen. kaiserslautern. de. https://www3.kaiserslautern.de/europadirekt/kuenstliche_intelligenz_eu-kommission_laesst_vorschlaege_zu_ethischen_leitlinien_in_der_praxis_testen_/. Zugegriffen: 30. Dez. 2022.

Google AI. (2022). Artificial Intelligence at Google: Our Principles. ai.google. https://ai.google/principles/. Zugegriffen: 30. Dez. 2022.

IBM. (2022). IBM Watson ist KI für intelligente Geschäfte. IBM.com. https://www.ibm.com/de-de/watson. Zugegriffen: 30. Dez. 2022.

Kafsack, H. (2019). EU möchte sich abheben: Eine Ethikcheckliste für die Künstliche Intelligenz. *faz.net*, https://www.faz.net/aktuell/wirtschaft/kuenstliche-intelligenz/eu-kommissionethikcheckliste-fuer-die-kuenstliche-intelligenz-16130447.html. Zugegriffen: 30. Dez. 2022.

Otte, R. (2019). *Künstliche Intelligenz für Dummies* (1. Aufl.). Wiley-VCH.

Rabe, L. (2022). Marktanteile der meistgenutzten Suchmaschinen auf dem Desktop nach Page Views weltweit von Januar 2016 bis November 2022. statista.com. https://de.statista.com/statistik/daten/studie/225953/umfrage/die-weltweit-meistgenutzten-suchmaschinen/https://de.statista.com/statistik/daten/studie/225953/umfrage/die-weltweit-meistgenutzten-suchmaschinen/. Zugegriffen: 30. Dez. 2022.

Statista. (2022). Wie gehen Sie mit Cookie-Hinweisen grundsätzlich um? Statista.com. https://de.statista.com/statistik/daten/studie/1121071/umfrage/umgang-mit-cookie-hinweisen-in-deutschland/. Zugegriffen: 30. Dez. 2022.

Tagesschau. (2022). Erstmals Regeln für Künstliche Intelligenz. Tagesschau.de. https://www.tagesschau.de/ausland/europa/eu-kuenstliche-intelligenz-101.html. Zugegriffen: 30. Dez. 2022.

Wiebe, Dr. G. (2022). Das ändert sich 2022: Produktbezogene IT- und KI-Regulierung sowie Produkthaftungsrecht. produktkanzlei.com. https://www.produktkanzlei.com/2022/01/12/das-aendert-sich-2022-produktbezogene-it-und-ki-regulierung-sowie-produkthaftungsrecht/. Zugegriffen: 30. Dez. 2022.

Zoldi, Dr. S. (2022). Auditierbare KI bringt Licht in die Blackbox. bigdata-insider.de. https://www.bigdata-insider.de/auditierbare-ki-bringt-licht-in-die-blackbox-a-1110129/. Zugegriffen: 30. Dez. 2022.

10

Willkommenskultur für Roboter – soziale Integration ins Team

> **Was Sie aus diesem Kapitel mitnehmen**
>
> - Welche Prinzipien die soziale Akzeptanz der KI beeinflussen.
> - Warum Chefs manchmal mehr Angst vor KI haben als Mitarbeiter.
> - Welche Gartenzäune an Abteilungsgrenzen dem Tod geweiht sind.
> - Wie neue Jobprofile in der KI-Betreuung ineinander greifen.
> - Warum das Unternehmen einen neuen Wissensstoffwechsel braucht.

Der Begriff „Willkommenskultur" ist in Deutschland geprägt durch die Flüchtlingswelle im Jahr 2015. Ob die Bürger den Zuwanderern positiv oder negativ gegenüberstehen, hat vermutlich auch damit zu tun, ob sie die Chancen oder die Herausforderungen und Gefahren schwerer gewichten. Ähnliche Effekte lassen sich auch bei der Einführung von Automatisierungs- und KI-Projekten in Unternehmen beobachten, ganz unabhängig von Transparenz-Sorgen, wie in Kapitel neun diskutiert (vgl. Abschn. 9.1). Hier geht es mehr um die persönliche Betroffenheit als Arbeitskraft.

10.1 Fruchtbaren Boden bereiten

Ein Teil der Kollegen sieht die Chancen durch neue Technologie für mehr Innovationskraft oder Entlastung von repetitiven Tätigkeiten. Andere Kollegen sorgen sich um unpersönliches Abfertigen von Kunden oder um den eigenen Arbeitsplatz. Wer KI vorantreibt, ist auch als Migrationshelfer gefragt, schon vor der Ankunft im Unternehmen den Boden für die Künstliche Intelligenz zu bereiten.

Warum diese Skepsis in Unternehmen? Schließlich sind Sie selbst zutiefst überzeugt, dass der neue KI-Mitbürger im beruflichen Ökosystem eine Bereicherung für die Gemeinschaft sein wird. Von der Auswahl des zu lösenden Problems bis zum Projektschnitt haben Sie sich intensiv mit seiner Rolle beschäftigt und Ihre eigenen Fragen klären können. Nicht so Ihre Mitarbeiter und Kollegen, die vielleicht frustriert davon sind, in KI-Projekte eingeplant zu werden, ohne genau zu wissen, warum und wohin es gehen soll. Es mangelt an Wissen, Klarheit und Transparenz, aber nicht an Hypothesen, Glaubenssätzen und Gerüchten, die das Vakuum KI füllen.

Vielleicht stecken Sie als Implementierungsmanager auch im Sandwich, müssen nicht zuerst Ihre Mitarbeiter, sondern den Chef überzeugen, der befürchtet, nicht mehr nach dem HiPPO-Prinzip (Highest-Paid Person's Opinion) entscheiden zu können, sondern auf Basis von Big-Data-Analysen der neuen KI-Anwendung. Vielleicht verschränken Ihre Kollegen aus Vertrieb, Marketing oder Service sicherheitshalber schon die Arme, um zu signalisieren, dass sie ihre Datensilos vor Ihrem Zugriff schützen werden. Vielleicht geht Ihnen der Kollege aus dem Personalbereich aus dem Weg, wenn er ahnt, dass Sie Datenanalysten brauchen, die er nicht bieten kann.

Selbst wenn Sie eine Vorfahrtskarte der Geschäftsleitung in der Hand halten und Ihr Team dafür brennt: In einem KI-Projekt, das Grenzen von Datensilos überwinden muss, kommen Sie ohne die anderen Geschäftsbereiche nicht weit. Solange die anderen Führungskräfte nicht im Boot sind, riskieren Sie Widerstände, Streit um Entscheidungsbefugnisse und verzögerte Freigaben. Ihr Projektteam wird auf Informationen und Entscheidungen unnötig warten müssen. Sie verlieren Zeit und

Energie damit, Budgets zu rechtfertigen, Durchführbarkeit und Rentabilität nachzuweisen.

Was hilft? Wie in allen Projekten, Beziehungen oder Geschäften erfordert gute Zusammenarbeit ein gemeinsames höheres Ziel. Teilen Sie Ihre große Vision und stecken Sie andere an mit Ihrer Leidenschaft. Bleiben Sie dabei nicht abstrakt und vermeiden Sie eine Luftblase überzogener Erwartungen. Sprechen Sie aus, was konkret herauskommen soll und was das Ihrem Unternehmen bringt. Spätestens hier merken Sie, wie gut es Ihnen in Kapitel vier gelungen ist, einen echten Nutzenfall zu finden, der idealerweise auch die Bedürfnisse Ihrer Stakeholder befriedigt (Kunde glücklich; Umsatz wächst; Prozess effizienter; Mitarbeiter zufriedener; Kosten sinken; Gewinn steigt). Trotz aller anspruchsvollen Technologie, mit der Sie hantieren, der Mehrwert sollte einfach verstehbar sein, denn die meisten Ihrer Kollegen werden wenig Wissen über und Erfahrung mit KI haben. Stellen Sie sicher, dass Sie Ihre wichtigsten Kollegen im Führungsteam ins Boot bekommen.

Während Sie als Visionär begeistern müssen, machen Sie es sich in der Versuchsküche leichter, wenn Sie den kleinen Wurm gewählt haben und mit einem Pilotprojekt unterwegs sind, das wenig Ressourcen braucht, einfach zu realisieren ist und schnell Erfolg nachweisen kann.

Gegenüber den Mitarbeitern und der Arbeitnehmervertretung setzen Sie auf Transparenz. Bieten Sie Informationsveranstaltungen für Interessierte an, in denen Sie anschaulich auch die Technologie erklären. In Vorbereitung formulieren Sie aus Mitarbeitersicht die unangenehmsten Fragen von Skeptikern, Bedenkenträgern und KI-Gegnern in einem Fragenkatalog. Integrieren Sie Ihr Projektteam, bestimmt fallen diesem weitere Fragen ein, die Manager ins Schwitzen bringen. Finden Sie zu jeder Frage eine Antwort, hinter der Sie stehen können und beziehen Sie dabei Kollegen aus Vorstand, Personal und Rechtsabteilung mit ein. Stellen Sie sicher, dass Ihre Mitarbeiter auf die Ergebnisse des KI-Systems Einfluss nehmen können, um sich als Akteure zu erleben, das schafft Vertrauen. Studien zeigen, dass Mitarbeiter eher bereit sind, die Überlegenheit des Algorithmus anzuerkennen und das System zu nutzen, wenn sie einen gewissen Einfluss darauf haben (Haufe, 2020).

In Ihrem Projektteam nutzen Sie den Einstieg bewusst, um positive Startenergie zu entwickeln. Jeder Neuanfang kann Mitarbeiter begeistern und positive Erwartungen nähren. Je mehr dieser Startpunkt zelebriert wird, desto leichter entsteht Motivation im Team und Energiespeicher, den Sie auf der Strecke gut gebrauchen können. Je nach Geschmack und Menschentyp können Anker aus Filmen, Musik oder Comics helfen, die Identifikation mit dem KI-Projekt zu stärken und Ihr Team spielerisch mit Abenteurer-Spirit aufzuladen.

Denken Sie daran, auf dem Weg erreichbare Zwischenziele einzubauen und jeden erreichten Meilenstein zu feiern. Was in allen Projekten die Motivation nährt, ist besonders in KI-Projekten wichtig, um Vertrauen auf unbekanntem Terrain zu schaffen.

Acht Schritte für Nährboden
1. Ein übergeordnetes Ziel finden, das verbindet
2. Nutzenfall konkret und einfach formulieren: „What's in for you"
3. Einfaches Pilotprojekt wählen, das leicht zu realisieren ist
4. Transparenzveranstaltungen für Mitarbeiter anbieten
5. „Fiese Fragen" sammeln und vorab beantworten
6. Projekt Kickoff im Team zelebrieren
7. Identifikations-Anker im Projektteam entwickeln
8. Erreichbare Zwischenziele einplanen und feiern

Willkommenskultur zu entfachen kann ein Kraftakt sein als einzelner Rufer. Ein Kraftakt, der sich auszahlt: Für ein erfolgreiches KI-Projekt sind Sie auf funktionsübergreifende Zusammenarbeit angewiesen. Vertrieb, Marketing, Service, Personal und IT müssen Teil der Bewegung werden, nicht nur um Daten und Unterstützung zu geben, sondern auch um interne Teams weiterzubilden und Daten-Kompetenz an Bord zu holen.

10.2 Flexible Grenzen setzen

Jack Ma, Gründer der Online-Plattform „Alibaba" und Chinas bekanntester Technologie-Visionär sagte in einem Interview mit dem amerikanischen Finanzsender CNBC, dass die Arbeitszeit in den nächsten 30 Jahren auf zwölf Stunden pro Woche reduziert werden könnte. Viele Arbeitsplätze werden laut Ma wegfallen, diejenigen, die mithalten können mit dieser Entwicklung, „werden reich, werden erfolgreicher sein". Denjenigen, die dadurch zurückgelassen werden, sagte er eine „schmerzhafte" Zeit voraus (IT Times, 2019). Medienbeiträge wie dieser schüren Unbehagen bei vielen Arbeitnehmern und werden auch Ihnen im Unternehmen früher oder später begegnen.

Von der Zwölf-Stunden-Woche sind wir noch weit entfernt, stattdessen zeigt sich heute im Aufsetzen von KI-Projekten mangels Datenkompetenz ein drastischer Ressourcenengpass. Die Nachfrage nach KI-Talenten wächst konstant und führt zu steigendem Marktwert. Wenn große Tech-Unternehmen wie Microsoft oder Amazon für viel Geld Datenanalysten aufkaufen, dann wird es für Mittelständler umso schwieriger, sich solche Ressourcen von außen noch leisten zu können. Zukunftsoptimisten glauben, es könnte gelingen alle „zurückgelassenen" Berufsbilder, die von KI abgelöst werden, einfach zu Daten-Experten umzuschulen. Für Unternehmen zeigt es sich bislang oft als unbefriedigend und zeitaufwändig. Zusatzausbildungen für Mitarbeiter mit statistischem Know-how könnten eine überbrückende Lösung sein.

Egal ob Sie Mitarbeiter brauchen, die aktiv an der Gestaltung der KI-Lösung mitarbeiten, oder Anwender, die unvoreingenommen mit der Maschine interagieren: Stellen Sie sich und Ihre Organisation darauf ein, dass dauerhaftes Training nötig sein wird, um mit der KI-Entwicklung mitzuhalten. Wer KI einführt, kommt nicht umhin, den Menschen zu trainieren, wie die eierlegenden IT-Psychologen aus Kapitel acht (vgl. Abschn. 8.1). Investition in die Mitarbeiter sollte daher zum Kern einer KI-Strategie gehören. Schlechte Nachricht für automatisierungswütige Vorstände? Dann ist es Zeit für einen Realitätscheck: Solange wir nicht bei der Superintelligenz angekommen sind, arbeiten wir an KI-Lösungen, die in einem symbiotischen Verhältnis zum Mitarbeiter agieren und auf dessen Fertigkeiten angewiesen sind. Wache Mitarbeiter werden umso mehr gebraucht, um neue Arbeitsprozesse zu gestalten, anpassungsfähige Modelle zu designen und KI-Systeme zu trainieren.

Die gute Nachricht für besorgte Workaholics ist, die Arbeit wird mit KI nicht ausgehen, im Gegenteil: Wir stehen vor neuen Berufsprofilen, die nicht nur IT-Nerds und Mathematiker auslasten. KI-Designer, -Trainer und -Versteher sind drei neue Berufsbilder, die zeigen, welche Kompetenzen gefragt sind.

10.2.1 KI-Designer

Der Designer entwickelt die KI-Systeme im Unternehmen so umsichtig, dass wichtige Kontext-Bedingungen schon in der Entwicklung berücksichtigt werden und erleichtert damit seinen Kollegen später die Arbeit mit der Anwendung. Kulturelle Aspekte, Branchenspezifika, Rechtsgrundsätze, Wert- und Moralvorstellungen fließen in seine Arbeit ein. Er spielt Worst-Case-Szenarien durch, um alle möglichen Auswirkungen zu betrachten und Sicherheitsregeln einzubauen. Auch wenn er damit gegen wirtschaftliche Interessen handelt, steckt es in seiner Rolle, dem Maschinenbewusstsein Grenzen zu setzen. Im Sinne der Robotergesetze von Asimov sondiert er, was ein angemessener Einsatz von KI sein kann unter Berücksichtigung gesellschaftlicher Dynamiken (Asimov, 1942). An der Schnittstelle zum menschlichen Kollegen wacht er darüber, dass die Systeme funktionieren und dem Team die Arbeit erleichtern. Gemeinsam mit dem KI-Versteher baut er so Brücken, damit die Mitarbeiter der KI gewogen bleiben, da sie ihre Erwartungen erfüllt. Er kontrolliert die Datenqualität sowohl im Eingang als auch im Ausgang. Gemeinsam mit dem Trainer achtet er darauf, dass die Daten frei sind von Bias (Verzerrung) und Tendenzen, die das Ergebnis verfälschen könnten. Beide wissen, dass der Algorithmus nur so gut sein kann wie die Daten, mit denen er trainiert wird.

10.2.2 KI-Trainer

Trainer zählen künftig vermutlich zu den wichtigsten Rollen in der Entwicklung, sie bringen der KI Anwendung bei, bestimmte Aufgaben zu erfüllen und aus Informationen zu lernen. Sie beschäftigen sich im Training vor allem mit den Daten. Welche Datenströme sind relevant? Wo gilt es, Daten aufzubereiten oder zu strukturieren? Wie lassen sich Daten verschlagworten, um für die KI nutzbar zu werden?

Trainer füttern nicht nur Daten, sie beobachten genau, wie die KI reagiert, korrigieren Fehler und bestätigen Fortschritt. Sie sind Psychologen, wenn es darum geht, die Interaktion mit Mitarbeitern oder Anwendern zu analysieren und mit Personalentwicklern gemeinsam Mitarbeitertrainings zu konzipieren. Entwicklungspsychologie ist auch gefordert, wenn es darum geht, einer KI-Lösung die stimmige Persönlichkeit zu geben oder Zwischentöne zu vermitteln. Chatbots werden künftig zunehmend auch zwischen den Zeilen lesen können und Ironie, Sarkasmus oder Zynismus erkennen. Eine Forschergruppe aus China hat mit einem neuen KI-Modell Tweets untersucht und konnte damit 86 % der sarkastischen Kurzmitteilungen korrekt identifizieren (Bergan, 2020).

Je mehr Bots in der Lage sind, sprachliche Feinheiten und Humor nicht nur zu verstehen, sondern auch selbst einzusetzen, desto mehr entwickelt der Trainer mit den Fähigkeiten der Bots auch ihre individuelle Persönlichkeit. Der digitale Assistent Cortana von Microsoft lernt beispielsweise aus den Rückmeldungen der Nutzer, wer wann für welche Art von Feedback oder Humor am empfänglichsten ist. Trainer, die an globalen KI-Anwendungen arbeiten, sollten auch den kulturellen Kontext der Einsatzgebiete einschätzen können, damit die KI-Persönlichkeit nicht nur zur Marke passt, sondern auch zur lokalen Gepflogenheit (vgl. Abschn. 8.1).

10.2.3 KI-Versteher

Der KI-Versteher schafft Transparenz, damit nachvollziehbar bleibt, warum der Algorithmus zu dieser oder jener Lösung gekommen ist. Nach welchen Kriterien hat die KI ihre Empfehlung abgeleitet, welcher Bewerber das größte Potential hat oder wie kreditwürdig der Antragsteller ist? Vielleicht hat der Algorithmus ganz andere Muster gefunden und vergleicht Social-Media-Verhalten mit der Performance im Beruf. An vielen Stellen wächst die Sorge, dass die Blackbox zunehmend Eigenleben entwickelt und keine vorgegebenen Wenn-Dann-Regeln mehr abarbeitet, sondern mit komplexen neuronalen Netzen agiert. Auch Unternehmen wollen vermeiden, ratlos und abhängig vor den ausgespuckten Ergebnissen zu sitzen. KI-Versteher wägen daher ab, wieviel Blackbox das Unternehmen zulässt, für möglichst viele Einflussvariablen und hohe Treffergenauigkeit, beispielsweise, um den Energieverbrauch in der Logistik zu optimieren. Sie setzen Grenzen, wo es ausreicht, mit einfacheren Lösungen zu arbeiten, weil die Ergebnisse ausreichend brauchbar sind und der Lösungsweg nachvollziehbar bleiben muss, wie zum Beispiel in der Personalauswahl. Versteher entscheiden mit, was Ihre KI darf und was nicht. Microsoft hätte die Bauchlandung mit seinem rassistischen Chatbot Tay im Jahr 2016 vermutlich verhindern können durch die Nutzung von Schlüsselwörtern und Contentfiltern oder mit einem Algorithmus, der Stimmungen erkennt und rechtzeitig Alarm schlagen kann. Rückwirkend analysieren Versteher das Verhalten von Algorithmen, speziell wenn Fehler auftauchen oder ein Bias (Verzerrung) vermutet wird. Je komplexer die Technologie, desto aufwändiger die Verfahren, mit denen sie arbeiten. „LIME" steht beispielsweise für Local Interpretable Model-Agnostic Explanations und nimmt minimale Änderungen in den Input-Informationen vor (Santhosh, 2022). Dann analysiert LIME, wie sich die Veränderung auf das Ergebnis der KI auswirkt. So könnte bei einer Kreditvergabe jeder einzelne Faktor geändert werden, den die KI-Lösung als Information über den Antragsteller bekommt. Der KI-Versteher kann dann den Lösungsweg herleiten und sowohl im Unternehmen als auch nach außen Transparenz schaffen. Er sitzt an der Schnittstelle, um die richtige Balance zu finden zwischen technologischer Problemlösung und ethischem Rahmen.

> **Drei Gesetze der Robotik von Isaak Asimov (Asimov, 1942):**
> 1. Ein Roboter darf kein menschliches Wesen verletzen oder durch Untätigkeit zulassen, dass einem menschlichen Wesen Schaden zugefügt wird.
> 2. Ein Roboter muss den von einem Menschen gegebenen Befehlen gehorchen, es sei denn, ein solcher Befehl würde mit Regel eins kollidieren.
> 3. Ein Roboter muss seine Existenz beschützen, solange dieser Schutz nicht mit Regel eins oder zwei kollidiert.

10.3 Fluide Co-Kreation modellieren

Wenn es Ihnen gelungen ist, im Management Verständnis zu schaffen und im Team Know-how aufzubauen, dann ist es Zeit für ein vorsichtiges Zusammenwachsen. Je mehr positive Erlebnisse Sie für Ihre Mitarbeiter schaffen können, desto offener wird das Team, Prozesse in Kollaboration mit der Maschine neu zu denken. Nicht ausgeschlossen, dass Sie dabei zwei Schritte vor und einen zurück gehen. Forscher an der University of Pennsylvania haben den Begriff Algorithmus-Aversion geprägt. Machen Sie sich daher auf Rückschläge gefasst, denn Sie arbeiten gegen eine natürliche Abneigung, da Menschen lieber anderen Menschen vertrauen als einer Maschine (Bonnmann, 2022). Unternehmen, die früh eine klare Sprache sprechen, wie KI die Arbeit verändern und den Menschen unterstützen soll, tun sich erfahrungsgemäß leichter. Mitarbeiter unterstützen die neue KI-Anwendung eher, wenn sie den Eindruck haben, dass sie dadurch weder entmündigt werden noch ihr Arbeitsplatz bedroht ist.

Wachstumsgeschichten mit Sinn machen Lust, weiter zu lernen und mitzuwachsen. Selbst datengetriebene Unternehmen wie Stitch Fix, ein E-Commerce Überflieger aus den USA, betonen gerne, wie essenziell das Zusammenspiel von Mensch und KI ist und sein wird. So sagte Eric Colson, Emeritus Chief Algorithms Officer bei Stitch Fix, in einem Interview, es gäbe Dinge, die Maschinen einfach nicht könnten, wie das Einfühlen in andere, zu Improvisieren oder einen Sinn für Ästhetik haben (Van Elven, 2019). Für diese Aufgaben seien nach seiner Prognose wahrscheinlich für immer Menschen erforderlich. Wenn ein Kunde zum Beispiel sage: „Ich suche ein Outfit für die Hochzeit meines Ex-Freundes", könne nur ein Mensch verstehen, was das bedeute (Van Elven, 2019).

> **Beispiel Stitch Fix**
>
> Stitch Fix aus Kalifornien ist der bekannteste persönliche Styling-Service mit drei Millionen aktiven Kunden. Wer sich online anmeldet und ein Style-Profil ausfüllt, erhält per Post eine Schachtel mit Outfits von einem persönlichen Stylisten zusammengestellt, wie die nachfolgende Abbildung zeigt (Abb. 10.1). Kunden, die Teile aus der Box behalten, bekommen

die „Styling-Gebühren" von 20 US-Dollar erlassen, wer alle fünf Teile behält, bekommt 25 % Rabatt (O'Boyle, 2021). Hinter den Kulissen kümmern sich 3000 Stylisten um die Betreuung der Kunden, befähigt von einem Algorithmus, der den perfekten Look für jeden Kunden finden soll. Stitch Fix hat über 100 Data Scientists eingestellt, um Algorithmen zu entwickeln, die Größe, Silhouette und Stil perfekt auf den Kunden anpassen sollen. Ein Look ist mehr als eine Kombination von gutsitzenden Kleidungsstücken, so arbeitet das Unternehmen derzeit daran, Nuancen von persönlichem Stil zu verstehen. Mittels maschinellen Lernens wird eine wachsende Datenbank mit fertigen Outfits analysiert, um Muster in Farbkombinationen, Stoffmustern und Silhouetten zu finden. Für jeden Kunden werden so algorithmisch generierte Outfits erstellt und ständig aktualisiert durch Kundenreaktionen, neuen Lagerbestand oder aktuelle Modetrends. Die KI hat eine gute Trefferquote: Fast 90 % der Kunden sind Wiederkäufer (Pardes, 2019). Ihr Erfolg hängt auch vom Zusammenspiel mit den Stylisten ab, die aus mehreren Empfehlungen des Systems auswählen und eine persönliche Notiz für den Kunden ins Paket legen. In der Auswahl kann der Stylist auf weitere Infos zur Risikobereitschaft und Kundenfeedback aus der Vergangenheit zugreifen. So wird auch er vom Algorithmus überwacht, um nicht seine eigenen Vorlieben vor dem Kundenwunsch zu stellen.

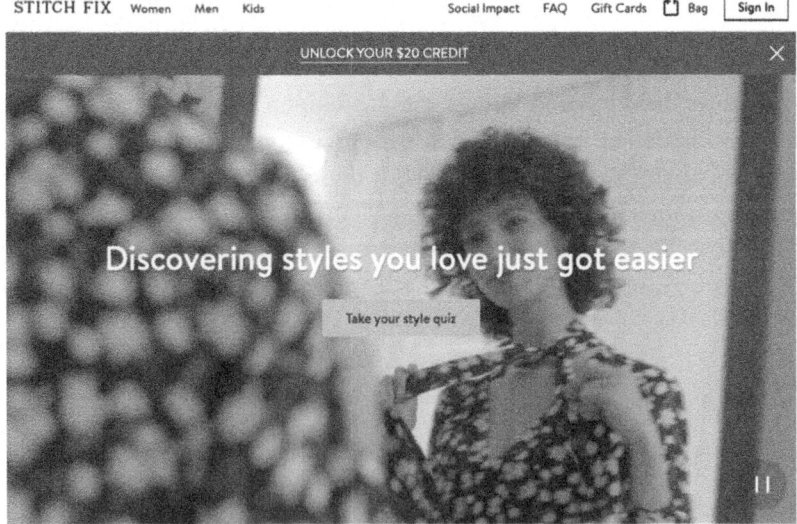

Abb. 10.1 KI-Stilberatung mit Stich Fix. (Quelle: StitchFix, 2022)

10 Willkommenskultur für Roboter – soziale Integration ins Team

Beispiele wie Stitch Fix zeigen in der Praxis, wie Algorithmen adaptiv mit Menschen zusammenarbeiten können. Um voneinander zu lernen, hilft es der Organisation, eigene Regeln und Leitplanken zu entwickeln. Spätere Anwender profitieren, wenn sie bereits aktiv in das Training der Algorithmen einbezogen werden. Je transparenter die Entwicklung einer KI-Lösung für alle Beteiligten ist und je besser die Teams verstehen, mit welchen Informationen das System später agieren soll, desto weniger Misstrauen zeigen sie gegenüber dem neuen Ansatz von Co-Kreation. Gegenseitiges Training ist die beste Medizin gegen gefühlte Ohnmacht. Mensch-Maschine-Interaktion wächst organisch, indem Teams auf neue Erkenntnisse, Empfehlungen oder Rückmeldungen reagieren und ihren Beitrag darauf anpassen. Wenn Teams Prozesse designen, wie KI ihre Aufgaben erleichtern soll, dann gilt es, zuerst festzulegen, wie letztlich entschieden wird. Algorithmen werden uns die Denkarbeit nicht komplett abnehmen. Aspekte einer Entscheidung, die sich durch Algorithmen nachbilden lassen, können wir an KI-Anwendungen delegieren, nicht jedoch menschliche Vernunft, Wertesysteme und Überzeugungen. Umso wichtiger wird es sein, die Mitarbeiter in ihrem Urteilsvermögen zu stärken und zu trainieren. Für ein sinnvolles Zusammenspiel mit der Maschine muss der Mensch Leitplanken definieren, Abweichungen untersuchen und intuitive Bedenken äußern (Grunwitz, 2021). Starre Arbeitsteilung wird abgelöst von fluiden Strukturen in einem Wechselspiel von Co-Kreation. Es wird Zeit, unsere Ausbildung neu zu denken, um Schüler, Studenten und Mitarbeiter über Methodentraining zu stärken. Microsoft CEO Satya Nadella warnt davor, sich „Experte" zu nennen und plädiert für einen kontinuierlichen Erneuerungsprozess im eigenen Lernen (Bariso, 2018).

> **Überschrift: Drei Erfolgsfaktoren für gesunde Co-Kreation:**
> - Im Zusammenspiel Mensch und Maschine entwickelt jedes Unternehmen seine eigene Kultur von Co-Kreation.
> - Anwender, die ins Training von KI-Lösungen einbezogen sind, erleben sich als aktiven Teil des Change-Prozesses.
> - Der Personalbereich (HR) ist gefordert, weg von Standard-Trainingskatalogen und hin zu Methodentrainings und kontinuierlichem Wissensstoffwechsel zu gelangen.

Kontinuierliche Erneuerung wird nicht nur den Lernprozess der Mitarbeiter begleiten, sondern das ganze Unternehmen herausfordern, seine Prozesse und Mitarbeiterrollen ständig neu zu denken. Motor dieser Bewegung können nicht allein Sie sein mit Ihren KI-Piloten, auch nicht der KI-Beauftragte oder Innovationsmanager. Sie haben allerdings die Chance, am praktischen Projekt aufzuzeigen, welche Fragen sich auf dem Weg zur Automatisierung ergeben. Ihre Erfahrung macht deutlich, warum neue Unternehmensziele die Grundlage für eine echte Willkommenskultur schaffen können, für KI im Zusammenspiel mit den Teams.

Ihr Transfer in die Praxis

- Noch vor der technischen Entwicklung Ihrer KI-Anwendung erstellen Sie einen Plan zur sozialen Integration.
- Bauen Sie Brücken über Abteilungssilos und holen Sie Ihre Führungskollegen ins Boot durch ein gemeinsames höheres Ziel.
- Sichern Sie sich zusätzlich zu Tech-Kollegen mit spezifisch fachlichen Kompetenzen im Umgang mit Daten vor allem entwicklungspsychologische Talente.
- Planen Sie neben dem Training der KI-Lösung in gleichem Maße die Weiterbildung der Mitarbeiter ein.

Literatur

Asimov, I. (1942). Runaround. *Astounding Science Fiction, 29*(1), 94–103.

Bariso, J. (2018). This is the book that inspired Microsoft's turnaround, according to CEO Satya Nadella. inc.com. https://www.inc.com/justin-bariso/this-is-book-that-inspired-microsofts-turnaround-according-to-ceo-satya-nadella.html. Zugegriffen: 30. Dez. 2022.

Bergan, B. (2020). Neues KI-Modell erkennt Sarkasmus mit einer Genauigkeit von 86 Prozent, was völlig in Ordnung ist. wissenschaft-x.com. https://www.wissenschaft-x.com/new-ai-model-detects-sarcasm-with-86-percent-accuracy-which-is-totally-fine. Zugegriffen: 30. Dez. 2022.

Bonnmann, B. (2022). KI und die Vertrauensfrage. Wienerzeitung.at. https://www.wienerzeitung.at/meinung/gastkommentare/2171118-KI-und-die-Vertrauensfrage.html. Zugegriffen: 30. Dez. 2022

Grunwitz, K. (2021). Digitaler Humanismus. trendreport.de. https://www.trendreport.de/digitaler-humanismus/. Zugegriffen: 30. Dez. 2022.

Haufe. (2020). Was Mitarbeiter von Kollege Roboter erwarten. haufe.de. https://www.haufe.de/personal/hr-management/studie-zu-kuenstlicher-intelligenz-was-mitarbeiter-erwarten_80_518944.html. Zugegriffen: 30. Dez. 2022.

IT Times. (2019). Alibaba: Jack Ma – 12 Stunden Arbeitswoche bald Realität. it-times.de. https://www.it-times.de/news/alibaba-jack-ma-12-stunden-arbeitswoche-bald-realitaet-132885/. Zugegriffen: 30. Dez. 2022.

O'Boyle, B. (2021). Was ist Stitch Fix, wie viel kostet es und wie funktioniert es? pocket-lint.com/de-de/. https://www.pocket-lint.com/de-de/software/news/157363-was-ist-stichfix-wie-funktioniert-es-kosten-marken. Zugegriffen: 30. Dez. 2022.

Pardes, A. (2019). Need some fashion advice? Just ask the algorithm. Wired.com. https://www.wired.com/story/stitch-fix-shop-your-looks/. Zugegriffen: 30. Dez. 2022.

Santhosh, S. (2022). Explainable AI (Part-3): Local Interpretable Model-agnostic Explanations (LIME). medium.com. https://medium.com/@sthanikamsanthosh1994/explainable-ai-part-3-local-interpretable-model-agnostic-explanations-lime-f71ff1f6f68. Zugegriffen: 30. Dez. 2022.

StitchFix. (2022). StitchFix.com. https://www.stitchfix.com/. Zugegriffen 30. Dez. 2022.

Van Elven, M. (2019). Von Netflix zu Stitch Fix – Die Zukunft der Personalisierung im Onlinehandel. Fashionunited.de. https://fashionunited.de/nachrichten/einzelhandel/von-netflix-zu-stitch-fix-die-zukunft-der-personalisierung-im-onlinhandel/2019031231257. Zugegriffen: 30. Dez. 2022.

springer-gabler.de

Kluge Bücher

Jetzt bestellen: link.springer.com

Noch mehr kluge Bücher

Jetzt bestellen: link.springer.com

The manufacturer's authorised representative in the EU is Springer Nature Customer Service Centre GmbH, Europaplatz 3, 69115 Heidelberg, Germany. If you have any concerns regarding our products, please contact ProductSafety@springernature.com

Printed and bound by CPI Group (UK) Ltd, Croydon, CR0 4YY

25/03/2026

02078182-0009